Cozinha Sem Pressa

Receitas Reconfortantes para o Ritmo da Vida

André Costa

Índice

Frango assado simples de Geoff com molho 22

INGREDIENTES 22

PREPARAÇÃO 22

Frango com Abacaxi 23

INGREDIENTES 23

PREPARAÇÃO 23

Frango grego 23

INGREDIENTES 23

PREPARAÇÃO 24

Coxinhas havaianas 25

INGREDIENTES 25

PREPARAÇÃO 25

Frango picante com legumes 26

INGREDIENTES 26

PREPARAÇÃO 27

Frango com ervas e arroz selvagem 28

INGREDIENTES 28

PREPARAÇÃO 29

Frango com mel e gengibre 30

INGREDIENTES 30

PREPARAÇÃO 31

Frango assado no mel com batata doce 32

INGREDIENTES 32

PREPARAÇÃO 32

Frango Hoisin com mel 34

INGREDIENTES 34

PREPARAÇÃO 34

Frango italiano 36

INGREDIENTES 36

PREPARAÇÃO 36

Frango na panela, estilo italiano 38

INGREDIENTES 38

PREPARAÇÃO 38

Frango italiano com espaguete, cozimento lento 40

INGREDIENTES 40

PREPARAÇÃO 40

estrogonofe de frango light 42

INGREDIENTES 42

PREPARAÇÃO 42

Frango Fogão Lento da Lilly com Molho de Queijo 44

INGREDIENTES 44

PREPARAÇÃO 44

Peito de frango mexicano 45

INGREDIENTES 45

• Decorações adicionais 45

PREPARAÇÃO 46

Frango da Paula com alho-poró 48

INGREDIENTES 48

PREPARAÇÃO 48

Drumettes Frango Churrasco Picante Jack Daniel's 49

INGREDIENTES 49

• Molho de churrasco 49

PREPARAÇÃO 50

Frango e Macarrão Sherri's 52

INGREDIENTES 52

PREPARAÇÃO 52

Frango grelhado fácil em panela lenta 54

INGREDIENTES 54

PREPARAÇÃO 54

Frango Dijon na panela elétrica 55

INGREDIENTES 55

PREPARAÇÃO 55

Frango assado em panela elétrica 56

INGREDIENTES 56

PREPARAÇÃO 56

Pernas de frango assadas em panela elétrica 57

INGREDIENTES 57

PREPARAÇÃO 57

Molho com macarrão de frango na panela elétrica e linguiça 59

INGREDIENTES 59

PREPARAÇÃO 59

Curry de frango cozido lentamente 61

INGREDIENTES 61

PREPARAÇÃO 61

Curry de frango cozido lentamente com arroz 62

INGREDIENTES 62

PREPARAÇÃO 62

Enchiladas de frango na panela elétrica 64

INGREDIENTES 64

PREPARAÇÃO 64

Fricassé de frango cozido lentamente com legumes 66

INGREDIENTES 66

PREPARAÇÃO 66

Frango cozido lentamente em molho picante 68

INGREDIENTES 68

PREPARAÇÃO 68

Frango Madras de cozimento lento com curry em pó 69

INGREDIENTES 69

PREPARAÇÃO 69

Frango com cogumelos em cozimento lento 70

INGREDIENTES 70

PREPARAÇÃO 70

Fogão lento Cordon Bleu 72

INGREDIENTES 72

PREPARAÇÃO 72

Frango Dijon na panela elétrica 74

INGREDIENTES 74

PREPARAÇÃO 74

Frango cozido lentamente com limão 76

INGREDIENTES 76

PREPARAÇÃO 76

Frango fatiado em panela elétrica 78

INGREDIENTES 78

PREPARAÇÃO 79

Linguiça defumada e repolho 80

INGREDIENTES 80

PREPARAÇÃO 80

Frango espanhol com arroz 82

INGREDIENTES 82

PREPARAÇÃO 82

Coxas de Frango Assado Tami 84

INGREDIENTES 84

PREPARAÇÃO 84

Crockpot Tami com frango e mussarela 85

INGREDIENTES 85

PREPARAÇÃO 85

frango com pimenta branca 86

INGREDIENTES 86

PREPARAÇÃO 86

Frango cozido lentamente e feijão preto 87

INGREDIENTES 87

PREPARAÇÃO 87

Frango e molho, panela elétrica 89

INGREDIENTES 89

PREPARAÇÃO 89

Frango e cogumelos, panela elétrica 90

INGREDIENTES 90

PREPARAÇÃO 90

Frango com parmesão e arroz, panela elétrica 92

INGREDIENTES 92

PREPARAÇÃO 92

frango e camarão 93

INGREDIENTES 93

PREPARAÇÃO 93

Receita de frango e recheio 95

INGREDIENTES 95

PREPARAÇÃO 95

Peito de frango ao molho crioulo cremoso 97

INGREDIENTES 97

PREPARAÇÃO 97

Frango chili com canjica 99

INGREDIENTES 99

PREPARAÇÃO 99

Delícia de frango 100

INGREDIENTES 100

PREPARAÇÃO 100

Enchiladas de frango na panela elétrica 102

INGREDIENTES 102

PREPARAÇÃO 102

Frango de Las Vegas 103

INGREDIENTES 103

PREPARAÇÃO 103

Frango parisiense para cozimento lento 104

INGREDIENTES 104

PREPARAÇÃO 104

Caçarola de frango Reuben, panela elétrica 105

INGREDIENTES 105

PREPARAÇÃO 105

Frango com cranberries 106

INGREDIENTES 106

PREPARAÇÃO 106

Frango com molho e molho, panela elétrica 108

INGREDIENTES 108

PREPARAÇÃO 108

Frango com macarrão e queijo gouda defumado 110

INGREDIENTES 110

PREPARAÇÃO 110

Frango com cebolinhas e cogumelos, cozimento lento 112

INGREDIENTES 112

PREPARAÇÃO 112

Frango com Abacaxi 113

INGREDIENTES 113

PREPARAÇÃO 113

Capitão Frango País 115

INGREDIENTES 115

PREPARAÇÃO 116

Frango caseiro e cogumelos 117

INGREDIENTES 117

PREPARAÇÃO 117

Frango com Amoras 118

INGREDIENTES 118

PREPARAÇÃO 118

Frango Italiano Cremoso 120

INGREDIENTES 120

PREPARAÇÃO 120

Goulash de porco com tomate e temperos para taco 121

INGREDIENTES 121

PREPARAÇÃO 121

Batata, chucrute e goulash de carne 123

INGREDIENTES 123

PREPARAÇÃO 123

Ensopado de cordeiro rústico 125

INGREDIENTES 125

PREPARAÇÃO 125

Um simples ensopado de carne agridoce 127

INGREDIENTES 127

PREPARAÇÃO 127

Goulash de carne na grelha em panela elétrica 129

INGREDIENTES 129

PREPARAÇÃO 129

Ensopado Brunswick de cozimento lento 131

INGREDIENTES 131

PREPARAÇÃO 131

Ensopado de frango de cozimento lento 133

INGREDIENTES 133

PREPARAÇÃO 133

Ensopado de carne em um dia de neve 135

INGREDIENTES 135

PREPARAÇÃO 135

Ensopado de carne do sudoeste do Chile 137

INGREDIENTES 137

PREPARAÇÃO 137

Ensopado de peru do sudoeste com lombo de porco 139

INGREDIENTES 139

PREPARAÇÃO 139

Ensopado de frango e arroz do sudoeste 141

INGREDIENTES 141

PREPARAÇÃO 141

Ensopado de porco espanhol com batatas 143

INGREDIENTES 143

PREPARAÇÃO 143

goulash agridoce 145

INGREDIENTES 145

PREPARAÇÃO 145

Ensopado de grão de bico doce e picante 147

INGREDIENTES 147

PREPARAÇÃO 147

Guisado da carne picante 149

INGREDIENTES... 149

PREPARAÇÃO 149

Goulash de carne Tex-Mex com legumes 151

INGREDIENTES... 151

PREPARAÇÃO 151

goulash de tortellini 153

INGREDIENTES... 153

PREPARAÇÃO 153

Goulash de peru com cogumelos.. 155

INGREDIENTES... 155

PREPARAÇÃO 155

Ensopado de strogan de vitela 157

INGREDIENTES... 157

PREPARAÇÃO 157

Goulash de Vickien Kielbasa 159

INGREDIENTES... 159

PREPARAÇÃO 159

Ensopado de pescador da Willa 160

INGREDIENTES... 160

PREPARAÇÃO 161

Molho de maçã com chucrute 162

INGREDIENTES 162

PREPARAÇÃO 162

Caçarola de espargos 164

INGREDIENTES 164

PREPARAÇÃO 164

Batatas assadas 165

INGREDIENTES 165

PREPARAÇÃO 165

Repolho roxo da Baviera 166

INGREDIENTES 166

PREPARAÇÃO 166

repolho e maçã 167

INGREDIENTES 167

PREPARAÇÃO 167

batata doce caramelizada 168

INGREDIENTES 168

PREPARAÇÃO 168

Fatias de batata cheddar 169

INGREDIENTES 169

PREPARAÇÃO 169

Caçarola com queijo e batatas 170

INGREDIENTES 170

PREPARAÇÃO 170

koltop 171

INGREDIENTES 171

PREPARAÇÃO 171

Corte confete de milho 173

INGREDIENTES 173

PREPARAÇÃO 173

repolho de amora 174

INGREDIENTES 174

PREPARAÇÃO 174

batatas cremosas 176

INGREDIENTES 176

PREPARAÇÃO 176

creme de milho 178

INGREDIENTES 178

PREPARAÇÃO 178

Abóbora Bolota Crockpot 179

INGREDIENTES 179

PREPARAÇÃO 179

pote com milho 180

INGREDIENTES 180

PREPARAÇÃO 180

Ervilhas frescas com bacon e tomate assado 181

INGREDIENTES 181

PREPARAÇÃO 181

Salada Alemã de Batata Crockpot 183

INGREDIENTES 183

PREPARAÇÃO 183

Caçarola Crockpot Hash Brown 185

INGREDIENTES 185

PREPARAÇÃO 185

Cenouras glaceadas com laranja em panela elétrica 186

INGREDIENTES 186

PREPARAÇÃO 186

Batatas recheadas com queijo 188

INGREDIENTES 188

PREPARAÇÃO 188

Crockpot Batata fatiada com presunto 190

INGREDIENTES 190

PREPARAÇÃO 190

Caçarola de batata doce cristalizada 191

INGREDIENTES 191

PREPARAÇÃO 191

batatas recheadas cremosas 192

INGREDIENTES 192

PREPARAÇÃO 192

caçarola de batata light 194

INGREDIENTES 194

PREPARAÇÃO 194

Lentilhas e espinafres temperados com curry 195

INGREDIENTES 195

PREPARAÇÃO 196

vegetais com queijo fácil 197

INGREDIENTES 197

PREPARAÇÃO 197

Molho de pão de milho simples 198

INGREDIENTES 198

PREPARAÇÃO 198

Berinjela à parmegiana 200

INGREDIENTES 200

PREPARAÇÃO 201

Caril de legumes de Eloise 202

INGREDIENTES 202

PREPARAÇÃO 203

Pote favorito de legumes 204

INGREDIENTES 204

PREPARAÇÃO 205

Legumes congelados em panela elétrica 206

INGREDIENTES 206

PREPARAÇÃO 206

Feijão verde com castanha de água 207

INGREDIENTES 207

PREPARAÇÃO 207

Caçarola de feijão e batata 208

INGREDIENTES 208

PREPARAÇÃO 209

Ragu com legumes verdes 210

INGREDIENTES 210

PREPARAÇÃO 210

Beterraba Harvard 212

INGREDIENTES 212

PREPARAÇÃO 212

Caçarola Hash Brown 213

INGREDIENTES.. 213

PREPARAÇÃO 213

Batatas Rancho para Vale Escondido... 214

INGREDIENTES.. 214

PREPARAÇÃO 214

Frango assado simples de Geoff com molho

INGREDIENTES

- 1 frango assado

- sal e pimenta

PREPARAÇÃO

1. Basta limpar o frango, lavá-lo e colocá-lo na panela elétrica. Adicione uma pitada de sal e uma pitada de pimenta. Deixe por cerca de 6 horas em temperatura alta.

2. Ao retirar o produto acabado, coe o restante do suco em um copo, cubra com papel alumínio e leve ao freezer por cerca de meia hora. Isso solidificará toda a gordura do topo da xícara. Raspe e adicione o caldo restante ao molho.

Frango com Abacaxi

INGREDIENTES

- 4 a 5 metades de peito de frango desossadas, cortadas em cubos (cerca de 3/4 de polegada)
- 1 cacho de cebola com fatias verdes de cerca de 7 centímetros e 1/2 polegada de diâmetro
- 1 lata (8 onças) de abacaxi esmagado e não drenado
- 1 colher de sopa de gengibre cristalizado picado
- 2 colheres de sopa de suco de limão
- 2 colheres de sopa de molho de soja (baixo teor de sódio)
- 3 colheres de sopa de açúcar mascavo ou mel
- 1/2 colher de chá de alho em pó

PREPARAÇÃO

1. Misture todos os ingredientes em uma panela elétrica; tampe e cozinhe por 6 a 8 horas. Sirva com arroz ou macarrão plano.
2. Dá 4.

Frango grego

INGREDIENTES

- 4 a 6 peitos de frango sem pele
- 1 litro. lata (15 onças) de molho de tomate

- 1 lata (14,5 onças) de tomate picado com suco
- 1 lata de cogumelos fatiados
- 1 lata (4 onças) de azeitonas maduras fatiadas
- 2 dentes de alho picados
- 1 colher de sopa. suco de limão
- 1 colher de chá. folhas secas de orégano
- 1/2 xícara de cebola picada
- 1/2 xícara. vinho branco seco (opcional)
- 2 xícaras de arroz cozido quente
- Adicione sal a gosto

PREPARAÇÃO

1. Lave o frango e seque-o. Asse a 350 graus por cerca de 30 minutos. Enquanto isso, misture todos os ingredientes restantes (exceto o arroz). Corte o frango em cubos e misture ao molho; tampe e cozinhe por 4 a 5 horas. Sirva o frango e o molho com arroz cozido quente.

2. Serve de 4 a 6 pessoas.

Coxinhas havaianas

INGREDIENTES

- 12 coxas de frango
- 1 xícara de ketchup
- 1 xícara de açúcar mascavo escuro
- 1/2 xícara de molho de soja
- gengibre fresco ralado, 1 colher de sopa
- um pouco de óleo de gergelim

PREPARAÇÃO

1. Cubra e cozinhe em fogo baixo por cerca de 8 horas. Sirva com arroz branco.
2. Olá!
3. Receita de coxa de frango de LeRoy e Nitz Dawg!

Frango picante com legumes

INGREDIENTES

- Pedaços de frango de 3 a 4 kg

- 1 1/2 a 2 xícaras de chalotas inteiras congeladas ou enlatadas, escorridas

- 2 xícaras de cenouras inteiras

- 2 batatas médias cortadas em pedaços de 2,5 cm

- 1 1/2 xícara de caldo de galinha

- 2 costelas médias de aipo, cortadas em pedaços de 5 cm

- 2 fatias de bacon em cubos

- 1 folha de louro

- 1/4 colher de chá de tomilho seco

- 1/4 colher de chá de pimenta preta

- 1/4 xícara de salsa fresca picada

- 2 colheres de sopa de estragão fresco picado ou 1 colher de chá de estragão seco

- 1 colher de chá de casca de limão ralada

- 2 colheres de sopa de suco de limão fresco

- 1/2 colher de chá de sal ou a gosto

PREPARAÇÃO

1. Em uma panela elétrica, misture o frango, a cebola, a cenoura, a batata, a sopa, o aipo, o bacon, o louro, o tomilho e a pimenta. Leve ao fogo baixo e cozinhe por 8 a 10 horas.

2. Separe.

3. Retire o frango e os legumes com uma escumadeira e coloque-os na assadeira pré-aquecida. Cubra com papel alumínio e mantenha aquecido. Retire e descarte o excesso de gordura. Adicione salsa, estragão, raspas e suco de limão e sal a gosto; coloque sobre o frango e os vegetais.

Frango com ervas e arroz selvagem

INGREDIENTES

- 1 a 1 1/2 libra de peito de frango desossado ou meio peito de frango desossado

- 6 a 8 onças de cogumelos fatiados

- 1 colher de sopa de óleo vegetal

- 2 a 3 fatias de bacon esfarelado ou 2 colheres de sopa de pedaços de bacon verdadeiro

- 1 colher de chá de manteiga

- 1 pacote de arroz selvagem e grão longo Uncle Bens (com sabor de frango)

- 1 lata de creme de canja de galinha, ervas ou normal

- 1 xícara de água

- 1 colher de chá de mistura de ervas, como ervas pequenas ou uma mistura de suas ervas favoritas; salsa, tomilho, estragão, etc.

PREPARAÇÃO

1. Frite os pedaços de frango e os cogumelos em óleo e manteiga até dourar levemente. Coloque o bacon no fundo de uma panela elétrica de 3 1/2 a 5 litros. Coloque o arroz sobre o bacon. Um pacote extra de especiarias. Coloque o peito de frango por cima do arroz – se for usar peito de frango, corte-o em tiras ou cubos. Despeje a sopa sobre o frango e acrescente água. Polvilhe com especiarias e polvilhe com a mistura de ervas. Cubra e cozinhe em BAIXO por 5 1/2 a 6 1/2 horas ou até que o arroz esteja macio (não mole).

2. Serve de 4 a 6 pessoas.

Frango com mel e gengibre

INGREDIENTES

- 3 kg de metades de peito de frango sem pele

- 1 1/4 polegada de raiz de gengibre fresco, descascado e picado finamente

- 2 dentes de alho picados

- 1/2 xícara de molho de soja

- 1/2 xícara de mel

- 3 colheres de sopa de xerez seco

- Misture 2 colheres de sopa de amido de milho com 2 colheres de sopa de água

PREPARAÇÃO

1. Em uma tigela pequena, misture o gengibre, o alho, o molho de soja, o mel e o xerez. Mergulhe os pedaços de frango no molho; coloque os pedaços de frango na panela elétrica; Despeje o molho restante sobre tudo. Cubra e cozinhe em BAIXO por cerca de 6 horas.

2. Retire o frango para a assadeira aquecida e despeje o líquido na panela ou frigideira. Deixe ferver e continue cozinhando por 3 a 4 minutos para reduzir um pouco. Misture o amido de milho na mistura do molho.

3. Cozinhe em fogo baixo até engrossar. Despeje um pouco do molho sobre o frango e misture o restante.

4. Sirva o frango com arroz quente.

Frango assado no mel com batata doce

INGREDIENTES

- 3 xícaras de batata-doce descascada e fatiada, cerca de 2 batatas-doces médias a grandes

- 1 lata (8 onças) de pedaços de abacaxi em suco, escorridos

- 1/2 xícara de caldo de galinha

- 1/4 xícara de cebola picada

- 1/2 colher de chá de gengibre em pó

- 1/3 xícara de molho barbecue, de sua escolha

- 2 colheres de sopa de mel

- 1/2 colher de chá de mostarda seca

- 4 a 6 coxas de frango (coxinha sem pele).

PREPARAÇÃO

1. Em uma panela elétrica de 3,5 a 5 litros, misture a batata-doce, o abacaxi com o suco, o caldo de galinha, a cebola picada e o gengibre picado; mexa para combinar bem. Em uma tigela pequena, misture o molho barbecue, o mel e a mostarda seca;

mexa para combinar bem. Pincele generosamente o frango por todos os lados com a mistura de molho barbecue. Espalhe o frango empanado numa única camada sobre a mistura de batata-doce e abacaxi, sobrepondo se necessário. Espalhe a mistura restante do molho barbecue sobre o frango.

2. Cobertura; Cozinhe por 7 a 9 horas ou até que o frango esteja macio, o suco escorra claro e a batata-doce esteja macia.

3. Serve de 4 a 6 pessoas.

Frango Hoisin com mel

INGREDIENTES

- 2 a 3 kg de pedaços de frango (ou frango inteiro, cortado em pedaços)
- 2 colheres de sopa de molho de soja
- 2 colheres de sopa de molho hoisin
- 2 colheres de sopa de mel
- 2 colheres de sopa de vinho branco seco
- 1 colher de sopa de raiz de gengibre ralada ou 1 colher de chá de gengibre em pó
- 1/8 colher de chá de pimenta preta moída
- 2 colheres de sopa de amido de milho
- 2 colheres de sopa de água

PREPARAÇÃO

1. Lave e seque o frango; coloque no fundo da panela elétrica.

2. Misture o molho de soja, o molho hoisin, o mel, o vinho, o gengibre e a pimenta. Despeje o molho sobre o frango.

3. Cubra e cozinhe por cerca de 5 1/2 a 8 horas ou até que o frango esteja macio e o suco escorra claro.

4. Misture o amido de milho e a água.

5. Retire o frango da panela elétrica; Ligue o fogo e acrescente a mistura de amido de milho e água.

6. Continue cozinhando até engrossar e, em seguida, coloque o frango de volta na panela elétrica para aquecer.

Frango italiano

INGREDIENTES

- 4 peitos de frango desossados, cortados em pedaços pequenos
- Lata de 1 a 16 onças de tomate picado
- 1 pimentão verde grande picado
- 1 cebola pequena cortada em cubos
- 1 costela média de aipo cortada em cubos
- 1 cenoura média, descascada e cortada em cubos
- 1 folha de louro
- 1 colher de chá de orégano seco
- 1 colher de chá de manjericão seco
- 1/2 colher de chá de tomilho seco, se desejar
- 2 dentes de alho picados; OU 2 colheres de chá. pó de alho
- 1/2 colher de chá de sal
- 1/2 colher de chá de pimenta vermelha em flocos ou a gosto
- 1/2 xícara de queijo parmesão ou romano ralado

PREPARAÇÃO

1. Misture todos os ingredientes, exceto o queijo ralado, em uma panela elétrica.

2. Cubra e cozinhe por 6 a 8 horas. Antes de servir retire a folha de louro e polvilhe com queijo ralado.

3. Bom com arroz ou macarrão.

Frango na panela, estilo italiano

INGREDIENTES

- 1 quilo de coxas de frango desossadas e sem pele ou 4 coxas de frango sem pele
- 1/2 xícara de cebola picada
- 1/2 xícara de azeitonas maduras fatiadas sem caroço
- 1 lata (14,5 onças) de tomate em cubos, escorrido
- 1 colher de chá de folhas secas de orégano
- 1/2 colher de chá de sal
- 1/2 colher de chá de alecrim seco, esmagado
- uma pitada de folhas secas de tomilho
- 1/4 colher de chá de alho em pó
- 1/4 xícara de água fria ou caldo de galinha
- 1 colher de sopa de amido de milho

PREPARAÇÃO

1. Coloque o frango em uma panela elétrica de 3 1/2 a 5 litros. Coloque por cima a cebola picada e as azeitonas fatiadas. Misture os tomates com orégano, sal, alecrim, tomilho e alho em pó. Despeje a mistura de tomate sobre o frango. Cubra e cozinhe em BAIXO por 7 a 9 horas ou até que o frango esteja macio e o suco escorra claro. Usando uma escumadeira, retire o frango e os vegetais para uma assadeira quente. Cubra com

papel alumínio e mantenha aquecido. Coloque a panela em ALTO.

2. Em uma xícara ou tigela pequena, misture a água ou a sopa com o amido de milho; misture até ficar homogêneo. Combine os líquidos na panela elétrica. Cubra e cozinhe até engrossar. Sirva o molho espesso com frango.

3. Dá 4.

Frango italiano com espaguete, cozimento lento

INGREDIENTES

- 1 lata (8 onças) de molho de tomate
- 6 a 8 metades de peito de frango desossadas e sem pele
- 1 lata (6 onças) de pasta de tomate
- 3 colheres de sopa de água
- 3 dentes médios de alho picados
- 2 colheres de chá de folhas secas de orégano esmagadas
- 1 colher de chá de açúcar ou a gosto
- espaguete cozido quente
- 120 gramas de queijo mussarela ralado
- queijo parmesão ralado

PREPARAÇÃO

1. Se necessário, frite o frango em óleo bem quente; ir. Polvilhe generosamente com sal e pimenta. Coloque o frango na panela elétrica. Adicione o molho de tomate, a pasta de tomate, a água, o alho, o orégano e o açúcar; despeje sobre o frango. Cubra e cozinhe em BAIXO por 6 a 8 horas. Retire o

frango e mantenha-o aquecido. Leve a panela ao fogo alto, misture o queijo mussarela com o molho. Cozinhe descoberto até o queijo derreter e o molho aquecer.
2. Sirva o frango com molho sobre o espaguete quente. Sirva com parmesão.
3. Serve de 6 a 8.

estrogonofe de frango light

INGREDIENTES

-
- 1 xícara de creme de leite sem gordura
- 1 colher de sopa de farinha de trigo Gold Metal
- 1 envelope de molho de frango (cerca de 30 gramas)
- 1 xícara de água
- 1 quilo de peito de frango desossado e sem pele, cortado em pedaços de 2,5 cm
- 16 onças de vegetais congelados da Califórnia, descongelados
- 1 xícara de cogumelos fatiados, cozidos
- 1 xícara de ervilhas congeladas
- 10 onças de batatas descascadas e cortadas em pedaços de 2,5 cm, cerca de 2 batatas médias descascadas
- 1 1/2 xícara de mistura para panificação Bisquick
- 4 cebolas verdes picadas (1/3 xícara)
-
- 1/2 xícara de leite desnatado 1%

PREPARAÇÃO

1. Combine o creme, a farinha, o molho e a água em uma panela elétrica de 3 1/2 a 5 litros até ficar homogêneo. Adicione o frango, os legumes e os

cogumelos. Tampe e cozinhe por 4 horas ou até o frango ficar macio e o molho engrossar. Misture as ervilhas. Junte a mistura de cozimento e a cebola. Mexa o leite até ficar úmido. Usando colheres arredondadas, coloque a massa sobre a mistura de frango e vegetais. Cubra e cozinhe em fogo alto por 45 a 50 minutos ou até que um palito inserido no centro saia limpo.
2. Sirva 4 porções de uma vez.

Frango Fogão Lento da Lilly com Molho de Queijo

INGREDIENTES

- 6 metades de peito de frango desossadas e sem pele
- 2 latas de caldo
- 1 lata de sopa de queijo
- sal, pimenta, alho em pó a gosto

PREPARAÇÃO

1. Polvilhe o peito de frango com alho em pó, sal e pimenta.
2. Coloque 3 peitos de frango na panela elétrica. Combine todas as sopas; Despeje metade do caldo sobre os 3 primeiros peitos de frango.
3. Coloque os 3 peitos de frango restantes por cima. Despeje o restante da sopa por cima.
4. Cubra e cozinhe em BAIXO por 6 a 8 horas.

Peito de frango mexicano

INGREDIENTES

- 2 colheres de sopa de óleo vegetal

- 3 a 4 metades de peito de frango desossadas e sem pele, cortadas em pedaços de 2,5 cm

- 1/2 xícara de cebola picada

- 1 pimentão verde (ou use vermelho)

- 1 a 2 pimentões jalapeño pequenos picados

- 3 dentes de alho picados

- 1 lata (4 onças) de pimenta malagueta picada

- 1 lata (14 1/2 onças) de pimentão mexicano picado ou tomate assado

- 1 colher de chá de folhas secas de orégano

- 1/4 colher de chá de cominho em pó

- queijo misto mexicano ralado

- salsinha

-

Decorações adicionais

- creme

- Guacamole

- cebolinha picada

- tomates picados

- alface verde fatiada

- azeitonas maduras fatiadas

- coentro

PREPARAÇÃO
1. Aqueça o azeite em uma frigideira grande em fogo médio. Peito de frango marrom. Retire e escorra.
2. Na mesma frigideira, frite a cebola, o pimentão verde, o alho e a jalapeño até ficarem macios.
3. Coloque a mistura de peito de frango e cebola na panela elétrica.
4. Adicione pimentão, tomate, orégano e cominho à panela elétrica; misture até combinar.
5. Cubra e cozinhe em BAIXO por 6 a 8 horas (ALTO por 3 a 4 horas).
6. Sirva com tortilhas de farinha quentes, queijo ralado e molho, junto com seus temperos e temperos preferidos.
7. Guacamole ou creme de leite seriam um ótimo complemento para cebolas fatiadas ou tomates em cubos.

Frango da Paula com alho-poró

INGREDIENTES

- 3 a 4 kg de pedaços de frango com ossos

- 4 a 6 batatas, cortadas em fatias com cerca de 1/4 de polegada de espessura

- 1 pacote de mistura para sopa de alho-poró

- 1 alho-poró em fatias finas ou 4 cebolas em fatias

- 1/2 a 1 xícara de água

- pimenta

- Especiarias •

PREPARAÇÃO

1. Coloque as batatas no fundo da panela/panela, coloque a cebola ou o alho-poró por cima e acrescente o frango. (Se você tiver várias camadas de frango, salgue e apimente as camadas inferiores à medida que as organiza. Não tempere a camada superior ainda.) Combine a sopa de alho-poró com cerca de 1/2 xícara de água; despeje tudo. Tempere a camada superior do frango. Nesta fase, salpico um pouco de páprica para dar cor.

- Se necessário, adicione alho picado e um pouco de alecrim fresco para temperar.

Cozinhe em fogo baixo por 6 a 7 horas, acrescentando mais água se necessário.

Drumettes Frango Churrasco Picante Jack Daniel's

INGREDIENTES

- 5 a 6 quilos de coxas de frango
- 1 xícara de farinha de trigo
- 1 colher de chá de sal
- 1/2 colher de chá de pimenta preta moída
-

Molho de churrasco

- 1 1/2 xícara de ketchup
- 4 colheres de sopa de manteiga
- 1/2 xícara de Jack Daniels ou outro uísque de boa qualidade
- 5 colheres de sopa de açúcar mascavo
- 3 colheres de sopa de melaço
- 3 colheres de sopa de vinagre de maçã
- 2 colheres de sopa de molho inglês
- 1 colher de sopa de molho de soja
- 4 colheres de chá de Dijon ou mostarda gourmet
- 2 colheres de chá de fumaça líquida
- 1 1/2 colher de chá de cebola em pó
- 1 colher de chá de alho em pó
- 1 colher de sopa de sriracha ou mais a gosto (pode ser substituída por cerca de 1 colher de chá de pimenta caiena)

- 1/2 colher de chá de pimenta preta moída

PREPARAÇÃO
1. Forre 2 lados das assadeiras com papel alumínio; borrife com spray de cozinha antiaderente. Pré-aqueça o forno a 425°.
2. Misture as coxas com a mistura de farinha, 1 colher de chá de sal e 1/2 colher de chá de pimenta.
3. Coloque em uma assadeira e leve ao forno por 20 minutos. Vire as coxas e volte ao forno. Asse por mais 20 minutos ou até dourar.
4. Enquanto isso, coloque todos os ingredientes do molho em uma tigela média; misture bem e leve ao fogo médio.

5. Reduza o fogo e cozinhe por 5 minutos.
6. Transfira as coxinhas para uma tigela ou panela elétrica (se for mantê-las aquecidas para a festa). Misture cerca de metade do molho barbecue. Sirva imediatamente com molho ou coloque a panela em BAIXO para manter aquecido. Se não servir imediatamente, guarde o molho restante na geladeira até servir.
7. Sirva as coxas quentes com o molho. Tenha muitos guardanapos à mão.
8. Esta receita rende cerca de 3 dúzias, o suficiente para 6 a 8 pessoas como aperitivo.

Frango e Macarrão Sherri's

INGREDIENTES

- 4 metades de peito de frango

- 2 latas de caldo (3 1/2 xícaras)

- 1 xícara de água

- 3 cubos de caldo de galinha ou grânulos ou caldo adequados

- 1 cenoura pequena picada

- 1 pequena costela de aipo picada

- 1/2 xícara de cebola picada

-

12 tortilhas grandes de trigo

PREPARAÇÃO

1. Misture todos os ingredientes, exceto as tortilhas, em uma panela elétrica. Cozinhe em fogo baixo por 8 a 10 horas. Retire o frango e separe a carne dos

ossos, depois coloque a sopa de volta no fogão em uma panela grande. Corte o frango em pedaços pequenos e volte à sopa no fogão. Deixe ferver lentamente.
2. Corte as tortilhas ao meio e depois em tiras de 2,5 cm. Coloque as tiras no caldo fervente e cozinhe por 15-20 minutos, mexendo ocasionalmente. A sopa deve engrossar, mas se estiver muito líquida, misture 1 colher de sopa de amido de milho com água suficiente para dissolver e misture na sopa.
3. Cozinhe por mais 5 a 10 minutos.
4. Serve 4.

Frango grelhado fácil em panela lenta

INGREDIENTES

- 3 metades de peito de frango desossadas
- 1 1/2 xícara do seu molho barbecue picante favorito, além de um pouco para servir
- 1 cebola média, fatiada ou cortada em cubos
- pão torrado
- salada de repolho, para servir

PREPARAÇÃO

1. Lave e seque o peito de frango. Coloque na panela elétrica com 1 1/2 xícara de molho barbecue e cebola. Mexa para cobrir o frango. Cubra e cozinhe em ALTO por 3 horas.
2. Retire os peitos de frango para um prato e pique-os ou pique-os. Retorne o frango picado ao molho na panela elétrica; misture até combinar. Cubra e cozinhe por mais 10 minutos.
3. Sirva o frango fatiado em pães torrados com salada de repolho e molho barbecue adicional.
4. Para 4 a 6 refeições.

Frango Dijon na panela elétrica

INGREDIENTES

-
- 1 a 2 kg de peito de frango
- 1 lata de caldo de galinha condensado, não diluído (10 1/2 onças)
- 2 colheres de sopa de mostarda Dijon simples ou granulada
- 1 colher de sopa de amido de milho
- 1/2 xícara de água
- pimenta a gosto
- 1 colher de chá de folhas secas de salsa ou 1 colher de sopa de salsa fresca picada

PREPARAÇÃO

1. Lave o frango e deixe secar; coloque na panela elétrica. Combine a sopa com mostarda e amido de milho; adicione água e misture. Misture salsa e pimenta. Despeje a mistura sobre o frango. Cubra e cozinhe em BAIXO por 6 a 7 horas. Sirva com arroz cozido quente e legumes.
2. A receita de frango ao dijon serve de 4 a 6 pessoas.

Frango assado em panela elétrica

INGREDIENTES

- Pedaços de frango de 3 a 4 kg
- 1 cebola grande, picada grosseiramente
- 1 garrafa de molho barbecue

PREPARAÇÃO

1. Coloque o frango no fundo de uma panela elétrica ou panela elétrica, acrescente a cebola e o molho barbecue. Cozinhe em BAIXO por cerca de 6 a 8 horas ou até que o frango esteja macio, mas não desmanche.
2. Para 4 a 6 refeições.

Pernas de frango assadas em panela elétrica

INGREDIENTES

- 1/2 xícara de farinha

- 1/2 colher de chá de alho em pó

- 1 colher de chá de mostarda seca

- 1 colher de chá de sal

- 1/4 colher de chá de pimenta

- 8 coxas de frango

- 2 colheres de sopa de óleo vegetal

- 1 xícara de molho barbecue grosso

PREPARAÇÃO

1. Coloque a farinha, o alho em pó, a mostarda, o sal e a pimenta em um saco de armazenamento de alimentos. Adicione o frango, alguns pedaços de cada vez, e misture bem. Aqueça o óleo em uma frigideira grande; adicione o frango e frite por

todos os lados. Coloque metade do molho barbecue na panela elétrica; adicione o frango e adicione o molho restante. Cozinhe por 6 a 7 horas ou até que o frango esteja macio e o suco escorra claro.
2. Para 4 a 6 refeições.

Molho com macarrão de frango na panela elétrica e linguiça

INGREDIENTES

- 1 colher de sopa de azeite
- 4 dentes de alho esmagados
- 1/2 xícara de cebola picada
- 1 pimentão vermelho picado
- 1 pimentão verde picado
- 1 abobrinha pequena picada
- 1 lata (4 onças) de cogumelos
- 1 lata de tomate cozido com tempero italiano
- 1 lata (6 onças) de pasta de tomate
- 3 salsichas italianas doces
- 4 metades de peito de frango desossadas, cortadas em tiras
- 1 colher de chá de tempero italiano •
- flocos de pimenta vermelha, se desejar

PREPARAÇÃO

1. Aqueça o óleo em uma panela. Frite a cebola e o alho até dourar. Remover.
2. Adicione salsicha; marrom por todos os lados. Adicione o frango e frite até dourar. Escorra o excesso de gordura. Corte as salsichas em pedaços

de 2,5 cm. Misture todos os ingredientes restantes com cebola e alho em uma panela elétrica. Adicione a linguiça e arrume as tiras de frango por cima. Cubra e cozinhe em BAIXO por 4 a 6 horas, até que o frango esteja macio, mas não seco.
3. Sirva este delicioso molho com macarrão quente e cozido.
4. Serve 4.

Curry de frango cozido lentamente

INGREDIENTES

- 2 peitos de frango inteiros, desossados e picados
- 1 lata de creme de frango
- 1/4 xícara de xerez seco
- 2 colheres de sopa. manteiga ou margarina
- 2 cabeças de cebolinhas com tampas, picadas finamente
- 1/4 colher de chá. caril em pó
- 1 colher de chá. sal
- uma pitada de pimenta
- arroz cozido quente

PREPARAÇÃO

1. Coloque o frango na panela. Adicione todos os ingredientes restantes, exceto o arroz. Cubra e cozinhe em BAIXO por 4 a 6 horas ou em ALTO por 2 a 3 horas. Sirva com arroz quente.

Curry de frango cozido lentamente com arroz

INGREDIENTES

- 4 peitos de frango desossados e sem pele, cortados em tiras ou pedaços de 2,5 cm
- 2 cebolas grandes, cortadas em quartos e em fatias finas
- 3 dentes de alho picados
- 1 colher de sopa de molho de soja ou tamari
- 1 colher de chá de curry Madras
- 2 colheres de chá de pimenta em pó
- 1 colher de chá de açafrão
- 1 colher de chá de gengibre em pó
- 1/3 xícara de caldo de galinha ou água
- sal e pimenta preta moída na hora a gosto
- arroz cozido quente

PREPARAÇÃO

1. Combine todos os ingredientes, exceto o arroz, em uma panela elétrica ou panela.
2. Cubra e cozinhe por 6 a 8 horas ou até que o frango esteja macio.
3. Prove e tempere com sal e pimenta se necessário.

4. Sirva com arroz ou macarrão

Enchiladas de frango na panela elétrica

INGREDIENTES

-
- 3 xícaras de frango cozido, cortado em cubos
- 3 xícaras de mistura de queijo mexicano ralado e pimentão, divididas
- 1 lata (4,5 onças) de pimentão verde picado
- 1/4 xícara de coentro fresco picado
- 1 1/2 xícara de creme de leite, dividido
- 8 tortilhas de farinha (20 cm)
- 1 xícara de molho de tomate
- Adições sugeridas: tomate picado, cebolinha fatiada, azeitonas maduras, rodelas de jalapeño, coentro fresco picado

PREPARAÇÃO

1. Unte levemente a panela elétrica de 4-6 litros.

2. Em uma tigela, misture o frango em cubos com 2 xícaras de queijo ralado, pimentão verde picado, 1/4 xícara de coentro picado e 1/2 xícara de creme de leite; misture até que os ingredientes estejam combinados.
3. Coloque um pouco da mistura de frango no centro da tortilha, espalhando a mistura uniformemente entre as oito tortilhas. Enrole-os e coloque-os com a costura voltada para baixo na panela elétrica preparada.
4. Organize as tortilhas conforme necessário.
5. Em uma tigela pequena, misture a salsa com 1 xícara de creme de leite restante. Despeje a mistura resultante sobre a tortilha.
6. Cubra e cozinhe em BAIXO por 4 horas. Polvilhe as tortilhas com o queijo ralado restante. Cubra e cozinhe em BAIXO por mais 20 a 30 minutos.
7. Para 4 a 6 refeições.

Fricassé de frango cozido lentamente com legumes

INGREDIENTES

- 4 a 6 metades de peito de frango desossadas e sem pele
- Sal e pimenta a gosto
- 2 colheres de sopa de manteiga
- 2 dentes de alho picados
- 3 colheres de sopa de farinha de trigo
- 2 xícaras de caldo de galinha com baixo teor de sódio
- 1 colher de chá de folhas secas de tomilho
- 1/2 colher de chá de folhas secas de estragão
- 3 a 4 cenouras cortadas em pedaços de 5 cm
- Corte 2 cebolas ao meio e corte em fatias grossas
- 2 alhos-porós grandes, apenas a parte branca, lave e pique
- 1 folha de louro
- 1/2 xícara de meio e meio ou creme light
- 1 1/2 xícara de ervilhas congeladas, descongeladas

PREPARAÇÃO

1. Lave e seque o peito de frango. Deixe isso de lado. Frite o alho picado na manteiga por um minuto, depois acrescente a farinha e frite, mexendo até

obter uma mistura homogênea. Despeje o caldo (em vez de parte do caldo, pode-se usar 1/4 xícara de vinho branco seco ou xerez), tomilho, estragão e mexa até engrossar. Coloque a cebola, a cenoura, o frango e depois o alho-poró na panela elétrica; despeje o molho sobre tudo. Adicione folha de louro. Cubra e cozinhe em BAIXO por 6 a 7 horas ou em ALTO por 3 a 5 horas.
2. Se estiver cozinhando em fogo baixo, aumente o fogo e adicione meio a meio e ervilhas descongeladas. Cubra e continue cozinhando em fogo alto por mais 15 minutos ou até que as ervilhas estejam bem aquecidas. Prove e ajuste os temperos. Retire a folha de louro antes de servir.
3. Para 4 a 6 refeições.

Frango cozido lentamente em molho picante

INGREDIENTES

- 1/2 xícara. suco de tomate
- 1/2 xícara. molho de soja
- 1/2 xícara. açúcar mascavo
- 1/4 pol. Caldo
- 3 dentes de alho picados
- 3 a 4 quilos de pedaços de frango, sem pele

PREPARAÇÃO

1. Misture todos os ingredientes, exceto o frango, em uma tigela funda. Mergulhe cada pedaço de frango no molho. Coloque em uma panela elétrica. Despeje o molho restante por cima. Cozinhe em fogo baixo por 6 a 8 horas ou em fogo alto por 3 a 4 horas.
2. Para 6 porções.

Frango Madras de cozimento lento com curry em pó

INGREDIENTES

- 3 fatias finas de cebola
- 4 maçãs descascadas, sem sementes e cortadas em fatias finas
- 1 colher de chá de sal
- 1 a 2 colheres de chá de curry em pó ou a gosto
- 1 frango assado, cortado em pedaços
- pimenta

PREPARAÇÃO

1. Combine a cebola e as maçãs na panela elétrica; polvilhe com sal e curry. Misture bem. Espalhe a pele do frango sobre a mistura de cebola. polvilhe generosamente com páprica.
2. Cubra e cozinhe em BAIXO por 6 a 8 horas, até que o frango esteja macio.
3. Prove e adicione mais temperos se necessário.
4. Serve 4.

Frango com cogumelos em cozimento lento

INGREDIENTES

- 6 metades de peito de frango sem pele e com osso
- 1 1/4 colher de chá de sal
- 1/4 colher de chá de pimenta
- 1/4 colher de chá de páprica
- 1 3/4 colher de chá de caldo ou caldo de galinha
- 1 1/2 xícara de cogumelos frescos fatiados
- 1/2 xícara de cebolinhas, fatiadas, com verduras
- 1/2 xícara de vinho branco seco
- 1/2 xícara de leite condensado
- 5 colheres de chá de amido de milho
- salsa fresca picada

PREPARAÇÃO

1. Lave o frango e deixe secar. Misture sal, pimenta e páprica em uma tigela. Esfregue o frango por todos os lados, aproveitando toda a mistura. Alterne entre frango, caldo ou caldo granulado, cogumelos e cebolinha na panela elétrica. Adicione lentamente o vinho por cima. Não misture ingredientes. Cubra e cozinhe em fogo alto por 2 1/2 a 3 horas ou em

fogo baixo por 5 a 6 horas ou até que o frango esteja macio, mas não desmoronando.
2. Usando uma escumadeira, retire o frango e os vegetais para uma bandeja ou tigela. Cubra com papel alumínio e mantenha o frango aquecido. Em uma panela pequena, misture o leite evaporado e o amido de milho, mexendo até obter uma mistura homogênea. Aos poucos, adicione 2 xícaras de líquido de cozimento. Deixe ferver, mexendo, em fogo médio; Continue cozinhando por 1 minuto ou até engrossar. Coloque um pouco do molho sobre o frango e decore com salsa, se desejar. Se quiser, sirva com arroz cozido quente ou macarrão.

Fogão lento Cordon Bleu

INGREDIENTES

- 6 metades de peito de frango desossadas e sem pele - bata até ficar ligeiramente achatado
- 6 fatias finas de presunto
- 6 fatias finas de queijo suíço
- 1/4 a 1/2 xícara de farinha para empanar
- 1/2 libra de cogumelos fatiados
- 1/2 xícara de caldo de galinha
- 1/2 xícara de vinho branco seco (ou caldo de galinha)
- 1/2 colher de chá de alecrim esmagado
- 1/4 xícara de queijo parmesão ralado
- Misture 2 colheres de chá de amido de milho com 1 colher de sopa de água fria
- Sal e pimenta a gosto

PREPARAÇÃO

1. Coloque uma fatia de presunto e uma fatia de queijo em cada peito de frango achatado e enrole. Prenda com palitos e passe cada um na farinha para revestir. Adicione os cogumelos à panela elétrica e depois os peitos de frango. Junte o caldo,

o vinho (se for usar) e o alecrim; despeje sobre o frango. Polvilhe com parmesão. Cubra e cozinhe em fogo baixo por 6 a 7 horas. Pouco antes de servir, retire o frango; Tomar cuidado.
2. Para sucos, adicione a mistura de amido de milho à panela elétrica; mexa até engrossar. Tempere com sal e pimenta, experimente e tempere. Despeje o molho sobre os rolinhos de frango e sirva.
3. Serve 6.

Frango Dijon na panela elétrica

INGREDIENTES

- 4 metades de peito de frango desossadas

- 1 colher de sopa de mostarda Dijon e mel

- sal e pimenta preta moída grosseiramente ou pimenta picante

- 2 pacotes (8 onças) de espinafre ou 1 quilo de folhas frescas de espinafre lavadas e secas

- Corte 2 colheres de sopa de manteiga em pedaços pequenos

- coentro fresco picado ou salsa, se desejar

- amêndoas torradas e fatiadas, se desejar •

PREPARAÇÃO

1. Unte a panela elétrica ou borrife com spray de cozinha antiaderente.
2. Lave e seque o peito de frango.
3. Esfregue o frango com mostarda e mel; Polvilhe com sal e pimenta.
4. Coloque os peitos de frango na panela elétrica. Coloque o espinafre por cima.
5. Se a sua panela elétrica for pequena demais para todo o espinafre, escalde-a rapidamente e adicione folhas murchas de espinafre.

6. Pincele o espinafre com manteiga e polvilhe com mais sal e pimenta.
7.
8. Antes de servir decore com coentros ou salsa ou polvilhe com amêndoas torradas.
9. Cubra e cozinhe em BAIXO por 5 a 6 horas.

•Para torrar as amêndoas, coloque-as numa frigideira seca em fogo médio. Cozinhe, mexendo sempre, até dourar levemente e ficar aromático.

Frango cozido lentamente com limão

INGREDIENTES

- 1 frango na airfryer cortado em pedaços ou cerca de 1,3 kg de pedaços de frango

- 1 colher de chá de folhas secas e esmagadas de orégano

- 2 dentes de alho picados

- 2 colheres de sopa de manteiga

- 1/4 xícara de vinho seco, xerez, caldo de galinha ou água

- 3 colheres de sopa de suco de limão

- Sal e pimenta

PREPARAÇÃO

1. Sal e pimenta os pedaços de frango. Polvilhe o frango com metade do alho e orégano.

2. Derreta a manteiga em uma panela em fogo médio e frite o frango por todos os lados.
3. Transfira o frango para a panela. Polvilhe com o restante do orégano e o alho. Adicione o vinho ou xerez à panela e mexa para soltar os pedaços marrons; despeje na panela elétrica.
4. Cubra e cozinhe em BAIXO (200°) por 7 a 8 horas. No último minuto, adicione o suco de limão.
5. Retire a gordura dos sucos e despeje em uma tigela; engrossar os sucos, se necessário.
6. Sirva o frango com o suco.
7. Serve 4.

Frango fatiado em panela elétrica

INGREDIENTES

- 1 colher de sopa de manteiga
- 1 xícara de cebola picada
- 1/2 colher de chá de alho picado
- 1 1/2 xícaras de ketchup de tomate
- 1/2 xícara de geléia de damasco ou pêssego
- 3 colheres de sopa de vinagre de maçã
- 2 colheres de sopa de molho inglês
- 2 colheres de chá de fumaça líquida
- 2 colheres de sopa de melaço
- uma pitada de pimenta da Jamaica
- 1/4 colher de chá de pimenta preta moída na hora
- 1/8 a 1/4 colher de chá de pimenta caiena moída
- 1 kg de peito de frango desossado
- 1 quilo de coxas de frango desossadas

PREPARAÇÃO

1. Derreta a manteiga em uma frigideira média em fogo médio. Quando a manteiga espumar, acrescente a cebola picada e frite, mexendo, até a cebola ficar macia e levemente dourada. Adicione o alho picado e cozinhe, mexendo, por mais 1 minuto. Adicione ketchup, damascos, vinagre, molho inglês, fumaça líquida, melaço, pimenta da Jamaica, pimenta preta e pimenta caiena. Cozinhe por 5 minutos.
2. Coloque 1 1/2 xícara de molho na panela elétrica.
3. Reserve o molho restante; Transfira para um recipiente e guarde na geladeira até servir. Adicione os pedaços de frango à panela elétrica. Cubra e cozinhe em BAIXO por 4 1/2 a 5 horas ou até que o frango esteja macio e se desfaça facilmente. Esfarele os pedaços de frango com um garfo.
4. Sirva em pães torrados com salada de repolho e molho barbecue adicional.
5. O cardápio também inclui salada de batata ou batata assada, além de feijão cozido e picles e tomates fatiados. Gosto de salada de repolho e picles grelhados, mas outras coberturas podem incluir rodelas de jalapeño, cebola roxa em fatias finas, repolho picado simples e tomates ou pepinos fatiados.
6. Serve 8.

Linguiça defumada e repolho

INGREDIENTES

-
- 1 cabeça pequena de repolho picada grosseiramente
-
- 1 cebola grande, picada grosseiramente
- 1 1/2 a 2 libras de linguiça de peru polonesa ou defumada, cortada em pedaços de 2,5 a 5 centímetros
- 1 xícara de suco de maçã
- 1 colher de sopa de mostarda dijon
- 1 colher de sopa de vinagre de maçã
- 1 a 2 colheres de sopa de açúcar mascavo
- 1 colher de chá de sementes de cominho, conforme desejado
- pimenta a gosto

PREPARAÇÃO

1. Coloque o repolho, a cebola e a salsicha em uma panela elétrica de 5 ou 6 litros (para uma panela de

3 1/2 litros, use menos repolho ou cozinhe por cerca de 10 minutos, depois escorra e adicione). Misture suco, mostarda, vinagre, açúcar mascavo e sementes de cominho, se for usar; despeje os ingredientes da panela elétrica. Polvilhe com pimenta a gosto. Cubra e cozinhe por 8 a 10 horas. Sirva com batatas e salada verde, se desejar.

Frango espanhol com arroz

INGREDIENTES

- 4 metades de peito de frango sem pele
- 1/4 colher de chá de sal
- 1/4 colher de chá de pimenta
- 1/4 colher de chá de páprica
- 1 colher de sopa de óleo vegetal
- 1 cebola média picada
- 1 pimentão vermelho pequeno picado (ou pimentão vermelho torrado picado)
- 3 dentes de alho picados
- 1/2 colher de chá de alecrim seco
- 1 lata (14 1/2 onças) de tomate esmagado
- 1 pacote (10 onças) de ervilhas congeladas

PREPARAÇÃO

1. Tempere o frango com sal, pimenta e colorau. Aqueça o azeite em uma panela em fogo médio e frite o frango por todos os lados. Transfira o frango para a panela elétrica.
2. Em uma tigela pequena, misture os ingredientes restantes, exceto as ervilhas congeladas. Despeje

sobre o frango. Cubra e cozinhe em fogo baixo por 7 a 9 horas ou em fogo alto por 3 a 4 horas. Uma hora antes de servir, enxágue as ervilhas em uma peneira em água morna para descongelar e coloque na panela elétrica. Sirva este prato de frango com arroz cozido quente.

Coxas de Frango Assado Tami

INGREDIENTES

- 6 a 8 coxas de frango congeladas
- 1 garrafa de molho barbecue grosso

PREPARAÇÃO

1. Coloque as coxas de frango congeladas na panela elétrica. Despeje o molho barbecue sobre eles. Cubra e cozinhe em ALTO por 6 a 8 horas.
2. •Nota: Se você estiver começando com coxas de frango descongeladas, você pode querer remover a pele ou dourar primeiro para reduzir a gordura e cozinhar em BAIXO por 6-8 horas.

Crockpot Tami com frango e mussarela

INGREDIENTES

- 4 quartos de coxas de frango
- 2 colheres de sopa de tempero de pimenta e alho
- 1 lata de abobrinha com molho de tomate
- 120 gramas de queijo mussarela ralado

PREPARAÇÃO

1. Coloque o frango na panela elétrica e polvilhe com os temperos. Despeje a abobrinha e o molho de tomate sobre o frango. Cubra e cozinhe em BAIXO por 6 a 8 horas. Polvilhe com queijo e cozinhe até o queijo derreter, cerca de 30 minutos.

frango com pimenta branca

INGREDIENTES

- 4 metades de peito de frango desossadas e sem pele, cortadas em pedaços de 1/2 polegada
- 1/2 xícara de aipo picado
- 1/2 xícara de cebola picada
- 2 latas (14,5 onças cada) de tomates cozidos, cortados em cubos
- 16 oz. Mel. salsa ou molho picante
- 1 lata de grão de bico ou feijão escorrido
- 6 a 8 onças. cogumelos fatiados
- Óleo

PREPARAÇÃO

1. Frite o frango em 1 colher de sopa de azeite. Pique o aipo, a cebola e os cogumelos. Combine todos os ingredientes em uma panela elétrica grande; misture e cozinhe por 6 a 8 horas. Sirva com pão crocante ou chips de taco. •Se você gosta de picante, use salsa picante ou molho picante.

Frango cozido lentamente e feijão preto

INGREDIENTES

- 3 a 4 metades de peito de frango desossado, cortadas em tiras
- 1 lata (12 a 15 onças) de milho escorrido
- 1 lata (15 onças) de feijão preto, lavado e escorrido
- 2 colheres de chá de cominho
- 2 colheres de chá de pimenta em pó
- 1 cebola cortada ao meio e em fatias finas
- 1 pimentão verde cortado em tiras
- 1 lata (14,5 onças) de tomate picado
- 1 lata (6 onças) de pasta de tomate

PREPARAÇÃO

1. Misture todos os ingredientes em uma panela elétrica. Cubra e cozinhe em fogo baixo por 5 a 6 horas.
2. Decore com queijo ralado se desejar. Sirva a festa de frango e feijão preto com tortilhas de farinha quente ou arroz.

3. Serve 4.

Frango e molho, panela elétrica

INGREDIENTES

- 1 saco de mistura de recheio temperado, 14 a 16 onças
- 3 a 4 xícaras de frango cozido em cubos
- 3 latas de caldo
- 1/2 xícara de leite
- 1 a 2 xícaras de queijo Cheddar suave ralado

PREPARAÇÃO

1. Prepare a mistura do recheio conforme instruções da embalagem e coloque em uma panela de 5 litros. Adicione 2 latas de creme de frango. Em uma tigela, misture o frango em cubos, 1 lata de creme de frango e o leite. Espalhe sobre o recheio na panela elétrica. Polvilhe o queijo por cima. Cubra e cozinhe em fogo baixo por 4 a 6 horas ou em fogo alto por 2 a 3 horas.
2. Serve de 6 a 8.

Frango e cogumelos, panela elétrica

INGREDIENTES

- 6 metades de peito de frango, com osso e sem pele
- 1 1/4 colher de chá. sal
- 1/4 colher de chá. pimenta
- 1/4 colher de chá. pimenta
- 2 colheres de chá de grânulos de caldo de frango
- 1 1/2 xícara de cogumelos fatiados
- 1/2 xícara de chalotas picadas
- 1/2 xícara de vinho branco seco
- 2/3 xícara de leite condensado
- 5 colheres de chá. amido de milho
- Salsa fresca picada
-

arroz cozido quente

PREPARAÇÃO

1. Em uma tigela pequena, misture sal, pimenta e colorau. Esfregue toda a mistura sobre o frango.
2. Alterne entre o frango, o caldo, os cogumelos e a cebolinha na panela elétrica. Despeje o vinho por cima. NÃO TOQUE.

3. Cubra e cozinhe em ALTO por 2 1/2 a 3 horas ou em BAIXO por 5 a 6 horas ou até que o frango esteja macio, mas caindo do osso. Se possível, espalhe num prato a meio da cozedura.
4. Retire o frango e os vegetais para um prato com uma escumadeira.
5. Cubra com papel alumínio e mantenha aquecido.
6. Em uma panela pequena, misture o leite condensado e o amido de milho até ficar homogêneo. Aos poucos, adicione 2 xícaras de líquido de cozimento. Mexa em fogo médio, deixe ferver e cozinhe por 1 a 2 minutos ou até engrossar.
7. Coloque um pouco do molho sobre o frango e decore com salsa picada. Sirva o molho restante ao lado.
8. Sirva com arroz cozido quente.

Frango com parmesão e arroz, panela elétrica

INGREDIENTES

- 1 envelope de mistura de sopa de cebola
- 1 lata (10 3/4 onças) de creme condensado de sopa de cogumelos com baixo teor de gordura
- 1 lata (10 3/4 onças) de creme condensado de canja de galinha com baixo teor de gordura
- 1 1/2 xícara de leite desnatado ou desnatado
- 1 copo de vinho branco seco
- 1 xícara de arroz branco
- 6 metades de peito de frango desossadas e sem pele
- 2 colheres de sopa de manteiga
- 2/3 xícara de queijo parmesão ralado

PREPARAÇÃO

1. Misture a sopa de cebola, a sopa de creme condensado, o leite, o vinho e o arroz. Spray Crock Pot com memória Coloque o peito de frango em uma panela de barro, despeje 1 colher de chá de manteiga, regue tudo com a sopa e polvilhe com queijo parmesão. Cozinhe em fogo baixo por 8 a 10 horas ou em fogo alto por 4 a 6 horas. Serve 6.

frango e camarão

INGREDIENTES

- 1 quilo de frango, coxas e peitos desossados e sem pele, cortados em pedaços

- 2 colheres de sopa de azeite extra virgem

- 1 xícara de cebola picada

- 2 dentes de alho picados

- 1/4 xícara de salsa picada

- 1/2 xícara de vinho branco

- 1 lata grande (15 onças) de molho de tomate

- 1 colher de chá de folhas secas de manjericão

- 1 quilo de camarão cru, descascado e limpo

- sal e pimenta preta moída na hora a gosto

- 1 libra de fettuccine, linguine ou espaguete

PREPARAÇÃO

1. Aqueça o azeite em uma frigideira grande ou frigideira em fogo médio. Adicione os pedaços de frango e frite, mexendo até dourar levemente. Retire o frango da panela elétrica.
2. Deite um pouco de azeite na frigideira e frite a cebola, o alho e a salsa durante cerca de 1 minuto.

Retire do fogo e junte o vinho, o molho de tomate e o manjericão seco. Despeje a mistura sobre o frango na panela elétrica.
3. Cubra e cozinhe em BAIXO por 4 a 5 horas.
4. Adicione o camarão, tampe e cozinhe em BAIXO por mais uma hora.
5. Tempere com sal e pimenta preta moída na hora a gosto.
6. Imediatamente antes de terminar a refeição, cozinhe o macarrão em água fervente com sal de acordo com as instruções da embalagem.

Receita de frango e recheio

INGREDIENTES

- 4 metades de peito de frango desossadas e sem pele
- 4 fatias de queijo suíço
- 1 lata (10 1/2 onças) de creme condensado de canja de galinha
- 1 lata (10 1/2 onças) de creme condensado de sopa de cogumelos
- 1 xícara de caldo de galinha
- 1/4 xícara de leite
- 2 a 3 xícaras de mistura para recheio de ervas Pepperidge Farm ou mistura para recheio caseiro
- 1/2 xícara de manteiga derretida • Veja as notas de Sandy
- Sal e pimenta a gosto

PREPARAÇÃO

1. Salgue e apimente o peito de frango; adicione os peitos de frango à panela elétrica.
2. Despeje o caldo sobre o peito de frango.
3. Coloque uma fatia de queijo suíço em cada peito.
4. Misture duas latas de sopa e leite. Pincele o peito de frango com a mistura de sopa.

5. Polvilhe tudo com a mistura do recheio. Pincele o topo com manteiga derretida.

6. Cozinhe em fogo baixo por 6-8 horas.

Peito de frango ao molho crioulo cremoso

INGREDIENTES

- 1 ramo de cebolinha (6 a 8, com a maior parte da parte verde)
- 2 fatias de bacon
- 1 colher de chá de tempero crioulo ou cajun
- 3 colheres de sopa de manteiga
- 4 colheres de sopa de farinha
- 3/4 xícara de caldo de galinha
- 1 a 2 colheres de sopa de extrato de tomate
- 4 metades de peito de frango desossadas
- 1/4 a 1/2 xícara meio a meio ou leite

PREPARAÇÃO

1. Derreta a manteiga em uma panela em fogo médio-baixo. Adicione a cebola e o bacon, frite e mexa por 2 minutos. Adicione a farinha, misture e frite por mais 2 minutos. Adicione o caldo de galinha; cozinhe até engrossar e adicione a pasta de tomate. Coloque os peitos de frango na panela / panela

elétrica; adicione a mistura de molho. Cubra e cozinhe por 6 a 7 horas, mexendo após 3 horas. Bata o leite por cerca de 20 a 30 minutos até que esteja pronto. Sirva com macarrão ou arroz.
2. Serve 4.

Frango chili com canjica

INGREDIENTES

- 1 quilo de peito de frango, desossado e sem pele, cortado em pedaços de 1 a 1 1/2 polegada

- 1 cebola média picada

- 3 dentes de alho cortados em fatias finas

- 1 lata (15 onças) de euforia branca, escorrida

- 1 lata (14 onças) de tomate em cubos, escorrido

- 1 lata (28 onças) de tomate, escorrido e picado

- 1 lata (4 onças) de pimenta verde suave

PREPARAÇÃO

1. Misture todos os ingredientes na panela elétrica; misture até que todos os ingredientes estejam combinados. Cubra e cozinhe em fogo baixo por 7 a 9 horas ou em fogo alto por 4 a 4 horas e meia.
2. Para 4 a 6 refeições.

Delícia de frango

INGREDIENTES

- 6 a 8 metades de peito de frango desossadas e sem pele
- suco de limão
- Sal e pimenta a gosto
- sal de aipo ou sal temperado, a gosto
- páprica a gosto
- 1 lata de creme de aipo
- 1 lata de sopa cremosa de cogumelos
- 1/3 xícara de vinho branco seco
- parmesão ralado a gosto
- arroz cozido

PREPARAÇÃO

1. Lave o frango; seco. Tempere com suco de limão, sal, pimenta, sal de aipo e páprica. Coloque o frango na panela elétrica. Em uma tigela média, misture as sopas e o vinho. Despeje sobre o peito de frango. Polvilhe com parmesão. Cubra e cozinhe em fogo baixo por 6 a 8 horas. Sirva o frango e o

molho sobre o arroz cozido quente e polvilhe com queijo parmesão.
2. Para 4 a 6 refeições.

Enchiladas de frango na panela elétrica

INGREDIENTES

- 1 pacote. peito de frango (1 - 1 1/2 lb)
- 1 pote de molho de frango
- Lata de 14 onças de pimentão verde moído
- 1 cebola picada
- tortilhas de milho
- queijo ralado

PREPARAÇÃO

1. Combine o frango, o molho, o pimentão verde e a cebola picada na panela elétrica; tampe e cozinhe em BAIXO por 5 a 6 horas. Retire o frango do molho e corte-o em rodelas. Recheie as tortilhas de milho com frango e molho. Polvilhe com queijo ralado e enrole. Coloque em uma assadeira. Retire o excesso de molho e polvilhe com mais queijo ralado. Asse a 350° por cerca de 15 a 20 minutos.
2. Para 4 a 6 refeições.

Frango de Las Vegas

INGREDIENTES

- 6 metades de peito de frango desossadas e sem pele
- 1 lata de sopa cremosa de cogumelos
- 1/2 litro. creme
- 1 pote (6 onças) de carne seca enlatada

PREPARAÇÃO

1. Misture a sopa com as natas e a carne seca. Cubra o frango com a mistura e cubra bem; coloque na panela. Despeje a mistura restante sobre o frango. Cubra e cozinhe em BAIXO por 5 a 7 horas, até que o frango esteja macio, mas não seco. Sirva com arroz ou macarrão cozido quente.
2. Serve 6.

Frango parisiense para cozimento lento

INGREDIENTES

- 6 a 8 metades de peito de frango
- sal, pimenta e páprica
- 1/2 xícara de vinho branco seco
- 1 lata (10 1/2 onças) de sopa de creme de cogumelos
- 8 onças de cogumelos fatiados
- 1 xícara de creme
- 1/4 xícara de farinha

PREPARAÇÃO

1. Polvilhe o peito de frango com sal, pimenta e colorau. Coloque em uma panela elétrica. Junte o vinho, o caldo e os cogumelos até incorporar bem. Despeje sobre o frango. Polvilhe com páprica. Cubra e cozinhe por 6 a 8 horas ou até que o frango esteja macio, mas não seco. Misture o creme e a farinha; adicione à panela. Cozinhe por mais 20 minutos até aquecer.
2. Sirva com arroz ou macarrão.
3. Serve de 6 a 8.

Caçarola de frango Reuben, panela elétrica

INGREDIENTES

- 32 onças de chucrute (frasco ou saco), enxágue e escorra
- 1 xícara de molho russo
- 4 a 6 metades de peito de frango desossadas e sem pele
- 1 colher de sopa de mostarda preparada
- 1 xícara de queijo suíço ou Monterey Jack ralado

PREPARAÇÃO

1. Coloque metade do chucrute no fundo da tigela. Despeje 1/3 xícara de molho; coloque 2-3 peitos de frango por cima e espalhe a mostarda. Cubra com o restante do chucrute e do peito de frango; despeje mais 1/3 xícara de molho sobre tudo e reserve o 1/3 xícara restante de molho para servir.
2. Tampe e cozinhe por cerca de 4 horas ou até que o frango esteja cozido e macio. Polvilhe com queijo suíço e cozinhe até o queijo derreter.
3. Sirva com o molho preparado.
4. Para 4 a 6 refeições.

Frango com cranberries

INGREDIENTES

- 6 peitos de frango sem pele e desossados

- 1 cebola pequena picada

- 1 xícara de cranberries frescos

- 1 colher de chá de sal

- 1/4 colher de chá de canela em pó

- 1/4 colher de chá de gengibre em pó

- 3 colheres de sopa de açúcar mascavo ou mel

- 1 xícara de suco de laranja

- Misture 3 colheres de sopa de farinha com 2 colheres de sopa de água fria

PREPARAÇÃO

1. Coloque todos os ingredientes, exceto a farinha e a água, em uma panela elétrica ou panela. Tampe e cozinhe por 6 a 7 horas, até o frango ficar macio. Adicione a mistura de farinha nos últimos 15 a 20

minutos e cozinhe até engrossar. Prove e ajuste os temperos.
2. Serve 4.

Frango com molho e molho, panela elétrica

INGREDIENTES

• 1 pacote (6 onças) de pão ralado temperado (mistura de recheio quente)

• 1 batata grande cortada em cubos pequenos

• 1 cacho de cebolinhas picadas

• 2 costelas de aipo picadas

• 1/2 xícara de água

• 3 colheres de sopa de manteiga, divididas

• 1 colher de chá de tempero para aves, dividida

• 1 a 1 1/2 libra de filé ou peito de frango desossado

• 1 pote (12 onças) de molho de frango, como molho de frango Heinz Homestyle

PREPARAÇÃO

1. Em uma panela untada com manteiga ou fermento em pó, misture as migalhas do recheio com as batatas aos cubos, a cebolinha, o aipo, 2 colheres de sopa de manteiga derretida e 1/2 xícara de

água. Polvilhe cerca de 1/2 colher de chá de tempero para aves. O melhor recheio com pedaços de frango; espalhe com o restante da manteiga e do tempero de aves. Despeje o molho sobre o frango. Cubra e cozinhe em fogo baixo por 6 a 7 horas.

Frango com macarrão e queijo gouda defumado

INGREDIENTES

- 1 1/2 kg de peito de frango desossado

- 2 abobrinhas pequenas, cortadas ao meio e cortadas em fatias de 1/8 de polegada

- 1 pacote de mistura de molho de frango (cerca de 30 gramas)

- 2 colheres de sopa de água

- Sal e pimenta a gosto

- uma pitada de noz-moscada moída, de preferência fresca

- 8 onças de queijo Gouda defumado, ralado

- 2 colheres de sopa de leite condensado ou creme

- 1 tomate grande picado

- 4 xícaras de macarrão cozido ou macarrão pequeno

PREPARAÇÃO

1. Corte o frango em cubos de 2,5 cm; coloque na panela. Adicione a abobrinha, a mistura do molho, a água e os temperos. Cubra e cozinhe por 5 a 6 horas em fogo baixo. Nos últimos 20 minutos ou enquanto a massa cozinha, coloque na panela elétrica o queijo Gouda defumado, o leite ou creme

e os tomates picados. Misture o macarrão cozido à mistura quente.
2. A receita de frango é para 4 pessoas.

Frango com cebolinhas e cogumelos, cozimento lento

INGREDIENTES

- 4 a 6 metades de peito de frango desossadas, cortadas em pedaços de 2,5 cm

- 1 lata (10 3/4 onças) de creme de frango ou creme de frango e sopa de cogumelos

- 8 onças de cogumelos fatiados

- 1 saco (16 onças) de cebola pérola congelada

- Sal e pimenta a gosto

- salsa picada, para decoração

PREPARAÇÃO

1. Lave o frango e deixe secar. Corte em pedaços de aproximadamente 1/2 a 1 polegada e coloque em uma tigela grande. Adicione o caldo, os cogumelos e a cebola; misture até combinar. Pulverize a panela elétrica com spray de cozinha.
2. Coloque a mistura de frango na panela e polvilhe com sal e pimenta.
3. Cubra e cozinhe em BAIXO por 6 a 8 horas, mexendo na metade do cozimento, se possível.
4. Se desejar, decore com salsa fresca picada e sirva com arroz ou batatas cozidas quentes.
5. Para 4 a 6 refeições.

Frango com Abacaxi

INGREDIENTES

- 1 a 1 1/2 libra de peito de frango, cortado em pedaços de 2,5 cm
- 2/3 xícara de abacaxi em lata
- 1 colher de sopa mais 1 colher de chá de molho teriyaki
- Corte 2 dentes de alho em fatias finas
- 1 colher de sopa de cebola seca picada (ou 1 ramo de cebolinha fresca picada)
- 1 colher de sopa de suco de limão
- 1/2 colher de chá de gengibre em pó
- uma pitada de pimenta caiena a gosto
- 1 pacote (10 onças) de ervilhas descongeladas

PREPARAÇÃO

1. Coloque os pedaços de frango na panela/cozimento lento.
2. Combine conservas, molho teriyaki, alho, cebola, suco de limão, gengibre e pimenta caiena; Balance

bem. Coloque uma colher em cima do frango e mexa para revestir.
3. Cubra e cozinhe em fogo baixo por 6 a 7 horas. Adicione as ervilhas nos últimos 30 minutos.
4. Serve 4.

Capitão Frango País

INGREDIENTES

- 2 maçãs Granny Smith de tamanho médio, sem sementes e cortadas em cubos (sem casca)
- 1/4 xícara de cebola picada
- 1 pimentão verde pequeno, sem sementes e picado
- 3 dentes de alho picados
- 2 colheres de sopa de passas ou groselhas
- 2 a 3 colheres de chá de curry em pó
- 1 colher de chá de gengibre em pó
- 1/4 colher de chá de pimenta vermelha moída ou a gosto
- 1 lata (cerca de 14 1/2 onças) de tomate picado
- 6 metades de peito de frango desossadas e sem pele
- 1/2 xícara de caldo de galinha
- 1 xícara de arroz branco de grão longo processado
- 1 quilo de camarão médio ou grande, descascado e limpo, cru, se desejar
- 1/3 xícara de amêndoas picadas
- Sal Kosher
- Salsa picada

PREPARAÇÃO

1. Em uma panela elétrica de 4 a 6 litros, misture maçãs em cubos, cebola, pimentão, alho, passas douradas ou groselhas, curry em pó, gengibre e pimenta vermelha moída; misture com tomates.
2. Espalhe o frango sobre a mistura de tomate, sobrepondo ligeiramente os pedaços. Despeje o caldo de galinha sobre as metades do peito de frango. Cubra e cozinhe em BAIXO até que o frango esteja macio quando furado com um garfo, cerca de 4 a 6 horas.
3. Retire o frango para um prato quente, cubra-o frouxamente e mantenha-o aquecido no forno ou na gaveta de aquecimento a 200°F.
4. Misture o arroz com o líquido do cozimento. Aumente a temperatura para alta; tampe e cozinhe, mexendo uma ou duas vezes, até o arroz ficar quase macio, cerca de 35 minutos. Junte o camarão, se for usar; tampe e cozinhe por mais 15 minutos ou mais, até que os camarões fiquem opacos no centro; corte de teste.
5. Enquanto isso, torre as amêndoas em uma frigideira antiaderente pequena em fogo médio até dourar, mexendo de vez em quando. Deixe isso de lado.
6. Antes de servir tempere a mistura de arroz com sal a gosto. Coloque em uma bandeja quente; coloque o frango por cima. Polvilhe com salsa e amêndoas.

Frango caseiro e cogumelos

INGREDIENTES

- 1 pote de molho country

- 4 a 6 peitos de frango

- 8 onças de cogumelos fatiados

- Adicione sal e pimenta a gosto

PREPARAÇÃO

1. Misture todos os ingredientes; tampe e cozinhe por 6 a 7 horas. Sirva com arroz ou macarrão.
2. Para 4 a 6 refeições.

Frango com Amoras

INGREDIENTES

- 1 quilo de peito de frango desossado e sem pele
- 1/2 xícara de cebola picada
- 2 colheres de chá de óleo vegetal
- 2 colheres de chá de sal
- 1/2 colher de chá de canela em pó
- 1/4 colher de chá de gengibre em pó
- 1/8 colher de chá de noz-moscada moída
- uma pitada de pimenta da Jamaica
- 1 xícara de suco de laranja
- 2 colheres de chá de casca de laranja ralada
- 2 xícaras de cranberries frescos ou congelados
- 1/4 xícara de açúcar mascavo

PREPARAÇÃO

1. Coloque os pedaços de frango e a cebola no azeite; polvilhe com sal.
2. Adicione o frango dourado, a cebola e os ingredientes restantes à panela.
3. Cubra e cozinhe em BAIXO por 5 1/2 a 7 horas.
4. Se necessário, no final do cozimento, engrosse o suco com uma mistura de cerca de 2 colheres de

amido de milho misturadas com 2 colheres de água fria.

Frango Italiano Cremoso

INGREDIENTES

- 4 metades de peito de frango desossadas e sem pele
- 1 pacote de molho italiano para salada
- 1/3 xícara de água
- 1 pacote (8 onças) de cream cheese, macio
- 1 lata (10 3/4 onças) de creme condensado de caldo de frango, não diluído
- 1 lata (4 onças) de caules e pedaços de cogumelo, escorridos
- Arroz ou macarrão cozido quente

PREPARAÇÃO

1. Coloque as metades do peito de frango na panela elétrica. Combine a mistura de molho para salada e água; despeje sobre o frango. Cubra e cozinhe em BAIXO por 3 horas. Em uma tigela pequena, misture o cream cheese e a sopa até incorporar. Colete cogumelos. Despeje a mistura de cream cheese sobre o frango. Cozinhe por mais 1 a 3 horas ou até que o suco do frango fique claro. Sirva o frango italiano com arroz ou macarrão quente.
2. Serve 4.

Goulash de porco com tomate e temperos para taco

INGREDIENTES

- 2 colheres de sopa. óleo vegetal
- Corte 1 kg de carne de porco desossada em cubos
- 1 cebola grande cortada em cubos
- 2 dentes de alho picados
- 1 pacote de tempero para taco
- 2 latas (14,5 onças cada) de tomates em cubos
- 1 lata de tomate picado com pimenta verde (por exemplo, Ro-Tel)
- 1/2 xícara de caldo de carne
- 1 lata (12 onças) de milho
- 1 lata (15 onças) de feijão

PREPARAÇÃO

1. Aqueça o azeite em uma frigideira grande ou frigideira em fogo médio. Carne de porco marrom, cebola e alho.

2. Transfira a mistura de carne para uma panela elétrica ou panela elétrica. Adicione os ingredientes restantes e cozinhe por 4 a 6 horas ou até que a carne de porco esteja macia.
3. Sirva com pão de milho; decore com azeitonas maduras fatiadas e natas.
4. Para 4 a 6 refeições.

Batata, chucrute e goulash de carne

INGREDIENTES

- 2-3 batatas médias, descascadas e cortadas em cubos de 1,2 cm

- 2 kg de chucrute lavado e escorrido

- 1 cebola média cortada ao meio e em fatias finas

- 1/4 xícara de vinho branco seco

- 2 colheres de sopa de amido de milho

- 1 lata (14,5 onças) de tomate picado

- 1/4 colher de chá de alho em pó

- 1/4 colher de chá de pimenta

- 1/4 colher de chá de sal

- 2 colheres de chá de cominho, se desejar

- 900g de bife redondo ou ensopado de carne magra, sem excesso de gordura e cortado em cubos de 1/2 polegada

PREPARAÇÃO

1. Coloque as batatas em cubos na panela elétrica. Coloque o chucrute escorrido por cima e em seguida acrescente a cebola fatiada. Em uma tigela média, misture o vinho e o amido de milho até ficar homogêneo. Misture os tomates picados com suco, alho em pó, pimenta, sal e sementes de cominho.

Despeje cerca de 2/3 da mistura de tomate sobre as batatas e o chucrute. Cubra com cubos de carne. Despeje o 1/3 restante da mistura de tomate sobre tudo. Cubra e cozinhe em BAIXO por aproximadamente 7 a 9 horas ou até que a carne e as batatas estejam macias.
2. Serve de 6 a 8

Ensopado de cordeiro rústico

INGREDIENTES

- 1 1/2 libra de cordeiro assado magro e desossado, cortado em cubos de 2,5 cm
- 1 colher de chá. sal
- 1/2 colher de chá. pimenta
- 1/4 xícara de farinha de trigo
- 2 colheres de sopa. óleo vegetal
- 1 litro. (1 xícara) de cebola em fatias finas
- 2 xícaras de água
- 1 xícara de minicenouras
- 2 xícaras de nabos ou nabos picados
-
1 xícara de ervilhas congeladas, descongeladas

PREPARAÇÃO

1. Polvilhe o cordeiro com 1/2 colher de chá de sal e pimenta. Farinha. Aqueça o óleo em um forno holandês de 2 a 3 litros em fogo médio-alto. Frite alguns pedaços de cordeiro em óleo aquecido.

Retire para a panela elétrica com uma escumadeira. Reduza o fogo para médio. Adicione a cebola e cozinhe por 3 a 4 minutos, mexendo de vez em quando, até dourar levemente. Junte a água, raspando os pedaços dourados do fundo da tigela. Transfira a mistura de cebola para a panela elétrica; adicione cenouras e rutabaga.
2. Tampe e cozinhe por 8 a 10 horas, acrescentando as ervilhas nos últimos 30 a 45 minutos.
3. Serve 4.

Um simples ensopado de carne agridoce

INGREDIENTES

- 2 libras. carne refogada, cortada em cubos de 1/2 polegada
- 1/4 pol. de farinha
- 1 colher de chá. sal
- 1/8 colher de chá. pimenta
- 2 colheres de sopa de óleo vegetal
- 1 polegada de cebola picada
- 6 cenouras longas, cortadas em pedaços de 3/4 de polegada
- 1/4 pol. de açúcar mascavo
- 1/2 xícara. vinagre
- 1 colher de sopa. molho Worcestershire

PREPARAÇÃO

1. Misture a farinha, o sal e a pimenta; Retire a carne com a mistura resultante. Numa frigideira aqueça o azeite e frite a carne por todos os lados. Coloque as cenouras no fundo da panela elétrica; adicione a carne e a cebola. Misture os ingredientes restantes e coloque na panela elétrica. Cubra e cozinhe em

BAIXO por 8 a 10 horas. Sirva com macarrão ou arroz cozido quente.
2. Serve de 6 a 8.

Goulash de carne na grelha em panela elétrica

INGREDIENTES

-
1 1/2 a 2 libras de carne assada
-
3 colheres de sopa de óleo vegetal
- 1 xícara de cebola fatiada, cerca de 1 cebola grande
- 1/2 xícara de pimentão verde picado
- 1 dente grande de alho
- 1/2 colher de chá de sal
- 1/8 colher de chá de pimenta
- 2 xícaras de caldo de carne
- 1 lata (14,5 onças) de tomate
- 1 lata (4 onças) de cogumelos escorridos
- 1/3 xícara de molho barbecue
- 3 colheres de sopa de amido de milho
- 1/4 xícara de água fria

PREPARAÇÃO

1. Se a carne estiver em pedaços grandes, corte-a em cubos com cerca de 3/4 a 1 polegada de espessura. Aqueça o óleo em uma panela em fogo médio. Frite a carne e a cebola em óleo aquecido até a carne

dourar. Adicione o alho e o pimentão verde picado e cozinhe por mais 1 minuto; transfira para a panela elétrica. Adicione sal, pimenta, caldo, tomate, cogumelos e molho barbecue. Cubra e cozinhe em BAIXO por 8 a 10 horas. Misture o amido de milho com água fria e adicione ao guisado por cerca de 20 minutos antes de ficar pronto.
2. Sirva com macarrão ou arroz cozido quente.

Ensopado Brunswick de cozimento lento

INGREDIENTES

- 3 a 3 1/2 kg de pedaços de frango
- 6 copos de água
- 1 xícara de cebola picada
- 2 xícaras de presunto cozido em cubos
- 2 a 3 batatas médias cortadas em cubos
- 1 cenoura média fatiada
- 2 latas de tomate, de 14 a 16 onças cada, cortadas em cubos
- 10 onças de feijão-de-lima, congelado e descongelado
- 10 onças de milho; núcleo inteiro, congelado, descongelado
- 2 colheres de chá de sal
- 1 colher de chá de açúcar
- 1/4 colher de chá de pimenta
-
1/2 colher de chá de sal temperado

PREPARAÇÃO

1. Na panela elétrica, misture os pedaços de frango com a água, a cebola, o presunto, a cenoura e a batata. Cozinhe coberto em BAIXO por 5 horas ou até que o frango esteja cozido. Retire o frango da panela; quando estiver frio o suficiente para

manusear, raspe a carne dos ossos. Devolva o frango para a panela. Adicione o tomate, o feijão, o milho, o sal, o sal temperado, o açúcar e a pimenta. Cubra e cozinhe em ALTO por 1 hora.
2. Para 8 porções.

Ensopado de frango de cozimento lento

INGREDIENTES

- 3 a 4 quartos de coxa de frango sem pele
- 1/3 xícara de água
- 1 lata (10 3/4 onças) de sopa de creme de cogumelos
- Sal e pimenta a gosto
- 3 batatas médias cortadas em cubos
- 2 cebolas médias cortadas em cubos
- 1 xícara de milho congelado, descongelado
- 1 lata (8 onças) de molho de tomate
- 1 envelope de mistura de sopa de cebola

PREPARAÇÃO

1. Se necessário, corte cada quarto de coxa de frango em 2 pedaços (coxinha e coxa).
2. Em uma panela elétrica, misture a sopa de cogumelos e a água.
3. Adicione os pedaços de frango, sal e pimenta.

4. Cubra e cozinhe em ALTO por 1 hora, depois adicione todos os ingredientes restantes e cozinhe em BAIXO por 6 a 8 horas ou cozinhe em ALTO por 3 a 4 horas.
5. Sirva quente com torradas ou biscoitos.

Ensopado de carne em um dia de neve

INGREDIENTES

- 1/2 xícara de cebola picada

- 2 cenouras médias, cortadas na diagonal, com cerca de 1/4 de polegada de espessura

- 3 a 4 batatas médias, descascadas e cortadas em pedaços pequenos

- 8 onças de cogumelos fatiados

- 2 a 2 1/2 libras de carne magra e desossada

- carne redonda, descascada e cortada em cubos de 2,5 cm ou carne magra cozida

- 1/4 xícara de farinha de trigo

- 1 1/2 colher de chá de folhas secas de tomilho, esmagadas

- 1 lata (cerca de 14 1/2 onças) de tomate cozido

- 1/4 xícara de vinho tinto ou caldo de carne

- 1 a 1 1/2 xícara de ervilhas congeladas e descongeladas

- sal

PREPARAÇÃO

1. Em uma panela elétrica de 3 1/2 a 6 litros, misture a cebola, a cenoura, a batata e os cogumelos.

2. Passe os cubos de carne na farinha e coloque na panela elétrica; polvilhe com tomilho. Adicione os tomates e o vinho.
3. Cubra e cozinhe em BAIXO por 8 a 10 horas ou até que a carne esteja macia.
4. Misture as ervilhas.
5. Aumente a temperatura para ALTA; tampe e cozinhe até que as ervilhas estejam bem aquecidas (mais 10 a 15 minutos).
6. Adicione sal a gosto.

Ensopado de carne do sudoeste do Chile

INGREDIENTES

- 1 quilo de ensopado de carne magra, cortado em cubos de 1/2 polegada
- 1 xícara de cebola picada
- 2 dentes de alho picados finamente
- 1 lata (14,5 onças) de tomate picado com suco
- 2 latas (4 onças cada) de pimentão verde picado e escorrido
- 1 xícara de grãos de milho
- 1 1/2 colher de chá de folhas secas de orégano, esmagadas
- 1 colher de chá de cominho em pó
- 1/2 colher de chá de sal
- 1/4 colher de chá de pimenta vermelha moída
- 2 colheres de sopa de farinha de milho amarela

PREPARAÇÃO

1. Combine todos os ingredientes, exceto o amido de milho, na panela elétrica e misture bem. Cubra e cozinhe em BAIXO por 7 a 8 horas ou até que a carne esteja macia. Defina o regulador para ALTO.

Junte o fubá; tampe e cozinhe por mais 20 a 25 minutos.
2. Serve 4.

Ensopado de peru do sudoeste com lombo de porco

INGREDIENTES

- 1 a 1 1/2 libra de filés de peru, cortados em pedaços de 3/4 de polegada
- 1 colher de sopa de pimenta em pó
- 1 colher de chá de cominho em pó
- 1/2 colher de chá de sal
- 1 pimentão doce, cortado em pedaços de 3/4 de polegada
- 1 pimentão verde doce, cortado em pedaços de 3/4 de polegada
- 1 cebola grande picada, 3/4 a 1 xícara
- 3 dentes de alho picados
- 1 lata (15 1/2 onças) de vagens de pimenta em molho picante, escorridas
- 1 lata (14 1/2 onças) de tomate cozido ou tomate estilo chili, escorrido
- 3/4 xícara do seu molho picante ou salsa favorito

PREPARAÇÃO

1. Coloque os pedaços de peru na panela elétrica. Polvilhe o peru com pimenta em pó, cominho e sal; jogue para cobrir as peças. Adicione pimentão,

cebola, alho, feijão verde, tomate e salsa. Misture bem. Cubra e cozinhe em BAIXO por 5 horas ou até que o peru esteja cozido e os vegetais macios. Sirva em tigelas, polvilhadas com uma colherinha de creme de leite, polvilhadas com coentros ou salsa ou outra decoração.

Ensopado de frango e arroz do sudoeste

INGREDIENTES

- 6 a 8 filés de frango, cerca de 1 quilo, cortados em pedaços de 1/2 polegada

- 1 lata (15 onças) de tomate picado

- 1 lata de frango e arroz ou sopa de frango e arroz selvagem, não diluída

- 1/2 xícara de vegetais picados, aipo, pimentão, cenoura ou cerca de 2 colheres de sopa de vegetais secos em flocos

- 1 xícara de milho congelado

- 1 lata (4 onças) de pimentão verde picado

- 2 colheres de sopa de arroz processado

- 1 cebola pequena picada

- 1/4 colher de chá de cominho

- 1/2 colher de chá de alho em pó

- uma pitada de orégano

- Sal e pimenta a gosto

PREPARAÇÃO

1. Combine as coxas de frango, os tomates e todos os ingredientes restantes na panela elétrica. Cubra e cozinhe em fogo baixo por 6 a 8 horas.
2. Ensopado de Frango Crockpot para 4.

Ensopado de porco espanhol com batatas

INGREDIENTES

- 1 quilo de paleta de porco magra (também conhecida como rabo de porco)
- 4 a 5 batatas médias
- 1 quilo de tomate cortado em cubos, enlatado ou fresco
- 1 pimentão verde ou use metade verde e metade vermelha
- 2 colheres de sopa de vinagre
- 2 colheres de sopa de óleo vegetal
- 3 dentes de alho esmagados
- 1 xícara de caldo de galinha
- 1 folha de louro
- 1 cebola média picada

PREPARAÇÃO

1. Corte a carne de porco em pedaços grandes. Descasque as batatas e corte-as em pedaços de 2,5 cm. Sementes, miolo e pimentões em fatias finas.
2. Aqueça o óleo em uma panela; carne de porco marrom, mexendo para dourar por todos os lados.

Coloque todos os ingredientes na panela elétrica na ordem listada; tampe e cozinhe em BAIXO até que a carne esteja macia, cerca de 9 a 10 horas.

goulash agridoce

INGREDIENTES

- 2 colheres de sopa de óleo vegetal

- 1 1/2 a 2 libras de bife londrino grelhado ou bife redondo, cortado em cubos de 2,5 cm

- 1 lata grande (15 onças) de molho de tomate

- 1/2 colher de chá de páprica

- 1/4 xícara de açúcar mascavo claro

- 1/2 colher de chá de sal

- 1/2 xícara de vinagre de maçã

- 1/2 xícara de xarope de milho light

- 3 cenouras médias fatiadas

- 3 costelas de aipo cortadas em fatias

- 1 cebola grande fatiada

- 1 pimenta grande, cortada em quadrados de 2,5 cm

- 1 lata (8 onças) de pedaços de abacaxi, escorridos

PREPARAÇÃO

1. Numa frigideira aqueça o azeite e frite os cubos redondos de bife. Transfira para uma panela elétrica. Misture o molho de tomate, o colorau, o açúcar mascavo, o sal, o vinagre, o xarope de milho, a cenoura, a cebola, o aipo, o pimentão verde e o

abacaxi. Cubra e cozinhe em BAIXO por 7 a 9 horas ou até que a carne esteja macia. Prove e ajuste os temperos.
2. Serve 6.

Ensopado de grão de bico doce e picante

INGREDIENTES

- 1 lata de grão de bico, cerca de 15 onças, escorrido
- 6 xícaras de água ou caldo de legumes
- 1 cebola picada grosseiramente
- 2 batatas-doces médias, descascadas e cortadas em pedaços
- 1 cenoura fatiada
- 1 talo de aipo fatiado
- 1 xícara de espinafre congelado e picado
- 1 colher de sopa de suco de limão
- 1 colher de sopa de molho de soja
- 1 colher de chá de coentro moído
- 1/2 colher de chá de cominho em pó
- 1 ou 2 colheres de chá de raiz-forte preparada
- 1/8 colher de chá de molho de pimenta

PREPARAÇÃO

1. Em uma panela elétrica, misture o grão de bico com a água ou a sopa e todos os demais ingredientes. Cubra e cozinhe em BAIXO por 8 a 10 horas ou em ALTO por 4 a 5 horas, até que os vegetais estejam macios.

2. Serve de 6 a 8.

Guisado da carne picante

INGREDIENTES

- 900 g de goulash de carne redondo ou magro, cortado em cubos de 2,5 cm

- 1 xícara de cenoura fatiada

- 1 cebola média fatiada

- 1 lata (8 onças) de molho de tomate

- 1/4 xícara de açúcar mascavo

- 1/4 xícara de vinagre

- 1 colher de sopa de molho inglês

- 1/2 xícara de caldo de carne ou água

- 1 colher de chá de sal

- 1 colher de sopa mais 1 colher de chá de amido de milho

- 2 colheres de sopa de água fria

- macarrão cozido quente

PREPARAÇÃO

1. Coloque os primeiros 9 ingredientes na panela elétrica. Mexa, tampe e cozinhe em fogo baixo até a carne ficar macia, cerca de 7 a 9 horas. Ligue a panela elétrica na configuração mais alta. Misture o amido de milho e um copo de água fria; adicione à

mistura de carne. Cozinhe e mexa até engrossar e ferver. Sirva com macarrão cozido quente.
2. Para 6 porções.

Goulash de carne Tex-Mex com legumes

INGREDIENTES

- 1 quilo de lombo de vaca, cortado em cubos de 2,5 cm
- 1 lata (14,5 onças) de tomate mexicano ou cozido
- 1 lata (10 1/2 onças) de caldo de carne condensado, não diluído
- 1 xícara de molho picante suave
- 1 1/2 xícara de milho inteiro congelado, descongelado ou enlatado
- 3 cenouras médias, cortadas em fatias de 1/2 polegada
- 1 cebola média, cortada em quartos e fatiada
- 2 dentes de alho esmagados e picados
- 1/2 colher de chá de cominho em pó
- 1/2 colher de chá de sal
- 1/4 xícara de farinha de trigo
- 1/2 xícara de água

PREPARAÇÃO

1. Misture pontas de filé, tomate, caldo de carne, molho picante ou salsa, milho, cenoura, cebola, alho, cominho e sal. Cozinhe, coberto, em ALTO por 3 a 4 horas ou até que a carne esteja macia. Misture

farinha e água. Misture a mistura de farinha à mistura de ensopado e cozinhe em ALTO por 1 hora ou até engrossar. Serve 6.

goulash de tortellini

INGREDIENTES

-
- 1/2 xícara de cebola picada
- 2 abobrinhas médias, cortadas em fatias de 2,5 cm, cerca de 1 xícara
- 3 1/2 xícaras de caldo de galinha ou caldo de legumes
- 1 lata grande (28 onças) de tomate esmagado
- 3 1/2 xícaras de caldo de galinha ou caldo de legumes
- 1 lata grande (28 onças) de tomate esmagado
- 1 lata (15 1/2 onças) de feijão enlatado, escorrido e enxaguado
- 1 a 2 colheres de sopa de folhas secas de manjericão
- 1/2 colher de chá de sal ou a gosto
- 1/4 colher de chá de pimenta
- 240 gramas de tortellini recheado com queijo, fresco ou seco, cozido

PREPARAÇÃO
1. Combine todos os ingredientes, exceto o tortellini, na panela elétrica. Misture bem. Cubra e cozinhe em fogo baixo por pelo menos 6 horas. Quando estiver pronto para servir, aumente o fogo para

alto. Adicione o tortellini cozido. Cozinhe por mais 10 minutos até aquecer.
2. Serve de 6 a 8.

Goulash de peru com cogumelos

INGREDIENTES

- 1 quilo de costela ou lombo de peru, cortado em cubos de 2,5 cm
- 1 cebola média, cortada em quatro e cortada em fatias finas
- 2 a 3 colheres de sopa de cebolinha picada com pontas verdes
- 8 onças de cogumelos fatiados
- 3 colheres de sopa de farinha de trigo
- 1 xícara de leite meio a meio ou integral
- 1 colher de chá de folhas secas de estragão ou tomilho, esmagadas
- 1 colher de chá de pimenta preta a gosto
- 1/2 xícara de ervilhas congeladas ou ervilhas e cenouras
- 1/2 xícara de creme de leite se desejar

PREPARAÇÃO

1. Coloque o peru, a cebola e os cogumelos na panela elétrica. Cubra e cozinhe em BAIXO por 4 horas.

Retire o peru e os vegetais para uma tigela. Defina o fogão lento para ALTO. Misture a farinha meio a meio com um batedor até a mistura ficar homogênea; despeje na panela elétrica. Adicione estragão, sal e pimenta. Retorne os legumes cozidos e o peru à panela elétrica. Adicione ervilhas congeladas. Tampe e cozinhe por 1 hora ou até o molho engrossar e as ervilhas ficarem bem aquecidas.
2. Para deixar o guisado mais rico, acrescente o creme de leite cerca de 10 minutos antes de servir.
3. Para 4 porções.

Ensopado de strogan de vitela

INGREDIENTES

- 1/2 xícara de farinha de trigo

- 1/2 colher de chá de sal

- 1/2 colher de chá de noz moscada ou noz moscada

- 1/4 colher de chá de pimenta
- 2 quilos de vitela cortada em cubos de 2,5 cm
- 2 colheres de sopa de óleo vegetal
- 2 latas (10,5 onças cada) de caldo de carne
- 4 batatas médias, cortadas em cubos de 2,5 cm
- 1/2 xícara de cebola picada
- 8 onças de cogumelos frescos fatiados

- 1 xícara de creme de leite

PREPARAÇÃO

1. Em um saco plástico para guardar alimentos ou em uma tigela rasa, misture a farinha, o sal, a noz-

moscada ou noz-moscada e a pimenta. Pincele os cubos de vitela com a mistura de farinha. Aqueça o óleo em uma panela em fogo médio. Adicione cubos de vitela e fique amarelo. Transfira para uma panela elétrica. Adicione todos os ingredientes restantes, exceto o creme, à panela elétrica ou panela elétrica. Misture até combinar. Cubra e cozinhe em BAIXO por 7 a 9 horas ou em ALTO por 3 a 4 horas, até que a carne e os vegetais estejam macios.

2. Pouco antes de servir, misture com creme.

Goulash de Vickien Kielbasa

INGREDIENTES

- 3 a 4 batatas médias, descascadas e cortadas em pedaços de 1/2 polegada

- 1 kg de kilebasa cortado em fatias

- 2 latas de feijão verde (15 onças cada), escorrido

- 1 cebola média cortada em quartos (eu uso folhas de cebola secas e picadas)

- 1 dente de alho picado

- 2 latas de 10 3/4 onças de creme condensado de sopa de cogumelos

- 1 xícara de queijo Cheddar ralado

PREPARAÇÃO

1. Adicione as batatas, a salsicha, o feijão verde, a cebola, o alho, a sopa de creme de cogumelos e o queijo cheddar esfarelado na panela elétrica na ordem listada acima. Cozinhe em BAIXO por 5 a 7 horas.

Ensopado de pescador da Willa

INGREDIENTES

- 1 lata grande (28 onças) de tomate esmagado com suco
- 1 lata (8 onças) de molho de tomate
- 1/2 xícara de cebola picada
- 1 copo de vinho branco seco
- 1/3 xícara de azeite
- 3 dentes de alho picados
- 1/2 xícara de salsa picada
- 1 pimentão verde picado
- 1 pimenta (opcional), picada
- Sal e pimenta a gosto
- 1 colher de chá de tomilho
- 2 colheres de chá de manjericão
- 1 colher de chá de orégano
- 1/2 colher de chá de páprica
- 1/2 colher de chá de pimenta caiena
- água conforme desejado •
- Frutos do mar••
- 1 filé de robalo, bacalhau ou outro peixe branco, desossado (importante) e cortado em cubos

- 1 dúzia. Camarões
- 1 dúzia. vieiras
- 1 dúzia. amêijoas
- 1 dúzia. mexilhões (enlatados)

PREPARAÇÃO
1. Coloque todos os ingredientes na panela elétrica, exceto os frutos do mar. Cubra e cozinhe por 6 a 8 horas em fogo baixo.
2. Cerca de 30 minutos antes de servir, adicione os frutos do mar. Aumente o fogo para ALTO e mexa ocasionalmente (mas suavemente).
3. Sirva com pão de massa fermentada de verdade, se encontrar. Aqui em São Francisco, temos a sorte de ter várias marcas com sabor verdadeiramente "azedo" para escolher. Aliás, não tenha medo de mergulhar o pão no chioppino, pois neste caso é considerado uma excelente educação.

Molho de maçã com chucrute

INGREDIENTES

- 1 quilo de chucrute

- 1 quilo de linguiça ou outra linguiça defumada

- 3 a 4 maçãs azedas, cortadas em fatias grossas

- 1/2 xícara de açúcar mascavo em pó

- 3/4 colher de chá de sal

- 1/8 colher de chá de pimenta

- 1/2 colher de chá de sementes de cominho, se desejar

-
3/4 xícara de suco de maçã

PREPARAÇÃO

1. Lave e escorra o chucrute. Coloque metade do chucrute na panela elétrica.

2. Corte a salsicha em pedaços de 5 cm; coloque na panela elétrica.
3. Continue adicionando maçãs fatiadas, açúcar mascavo, sal, pimenta e sementes de cominho à panela.
4. Cubra com o chucrute restante. Despeje o suco de maçã sobre tudo.
5. Cubra e cozinhe em BAIXO por 6 a 8 horas ou até que as maçãs estejam macias. Misture antes de servir.
6. Serve 4.

Caçarola de espargos

INGREDIENTES

- 2 latas de aspargos fatiados (cerca de 12 a 15 onças cada)

- 1 lata de creme de aspargos ou sopa de aipo (10 3/4 onças)

- 1 ou 2 ovos cozidos, cortados em fatias finas

- 1 xícara de queijo Cheddar ralado

- 1/2 xícara de salgadinhos ou biscoitos Ritz picados grosseiramente

-
1 a 2 colheres de sopa de manteiga

PREPARAÇÃO

1. Coloque os aspargos escorridos em uma panela levemente untada com manteiga. Adicione creme de aipo ou sopa de aspargos e queijo ralado. Cubra os aspargos com ovos cozidos picados, mistura de sopa e migalhas de biscoito. Espalhe com manteiga. Cubra e cozinhe em BAIXO por 4 a 6 horas.

Batatas assadas

INGREDIENTES

- 8 a 12 batatas, aproximadamente •
- papel alumínio para embrulhar batatas
- manteiga e temperos para servir

PREPARAÇÃO

1. Pique as batatas com um garfo e embrulhe cada batata em papel alumínio.
2. Encha uma panela seca com as batatas embrulhadas.
3. Cubra e cozinhe em BAIXO por 8 a 10 horas, até que as batatas estejam macias.
4. Fure com um garfo para verificar.
5. Sirva com manteiga, especiarias e outros complementos.

•Use quantas batatas você precisar ou quantas couberem no seu forno.

Repolho roxo da Baviera

INGREDIENTES

• 1 cabeça grande de repolho roxo, lavada e cortada em fatias grossas

• 2 cebolas médias picadas grosseiramente, cerca de 1 xícara

• Descasque 6 maçãs azedas e corte-as em quartos

• 2 colheres de chá de sal

• 2 xícaras de água quente

• 3 colheres de sopa de açúcar granulado

• 2/3 xícara de vinagre de maçã

• 6 colheres de sopa de gordura de bacon ou manteiga

PREPARAÇÃO

1. Coloque o repolho, a cebola e as maçãs na panela elétrica. Polvilhe com sal. Misture água quente, açúcar, vinagre e bacon ou manteiga; despeje a mistura de repolho. Cubra e cozinhe em BAIXO por 8 a 10 horas. Misture bem antes de servir.

repolho e maçã

INGREDIENTES

- 1 repolho médio picado grosseiramente
- 2 maçãs em conserva, sem sementes, cortadas em cubos
- 2 cebolas médias, cortadas em quartos e fatiadas
- 1 colher de chá pequena de sal
- 1/4 colher de chá de pimenta preta moída
- 1 xícara de suco de maçã concentrado, descongelado
- 1/2 xícara de caldo de galinha
-
3 colheres de sopa de mostarda picante

PREPARAÇÃO

1. Unte levemente a panela elétrica ou borrife com spray de cozinha antiaderente; adicione o repolho, as maçãs cortadas em cubos e a cebola fatiada. Adicione sal e pimenta. Misture suco concentrado de maçã, caldo de galinha e mostarda em uma xícara; despeje a mistura de repolho. Cubra e cozinhe em BAIXO por 6 a 8 horas ou até que os vegetais estejam macios. Mexa a mistura a cada 2 a 3 horas. Retire para uma tigela com uma escumadeira.
2. Serve de 6 a 8.

batata doce caramelizada

INGREDIENTES

• 4 a 5 batatas-doces grandes, descascadas e cortadas em cubos de 2,5 cm, cerca de 8 a 10 xícaras

• 1 xícara de açúcar mascavo claro embalado

• Suco e raspas finas de 1 laranja

• 1/4 xícara de mel

• 4 colheres de sopa de manteiga

• 1/2 colher de chá de baunilha

•

1 1/2 colheres de chá de canela

•

uma pitada de noz-moscada

PREPARAÇÃO

1. Unte levemente os pratos; coloque os cubos de batata-doce na panela elétrica. Misture os ingredientes restantes e aqueça-os em uma panela no micro-ondas ou no fogão. Mexa até incorporar e despeje a mistura sobre os cubos de batata-doce.
2. Cubra e cozinhe em BAIXO por 6 a 8 horas, até que as batatas estejam macias.
3. Serve de 6 a 8.

Fatias de batata cheddar

INGREDIENTES

- 1 lata (10 3/4 onças) de creme condensado de sopa de cogumelos (ou creme de aipo)
- 1/2 colher de chá de páprica moída
- 1/2 colher de chá de pimenta
- 4 batatas assadas médias (cerca de 1 1/2 libra), cortadas em fatias de 1/4 de polegada
- 4 onças de queijo Cheddar ralado

PREPARAÇÃO

1. Adicione o caldo, a páprica e a pimenta. Em uma frigideira antiaderente bem untada, arrume as batatas em fileiras sobrepostas. Polvilhe com queijo. Coloque a mistura da sopa sobre o queijo.
2. Cubra e cozinhe em ALTO por 3 a 4 horas, até que as batatas estejam macias. Mantenha aquecido para servir.
3. Serve 6.

Caçarola com queijo e batatas

INGREDIENTES

- Pacote de 2 libras. batatas fritas congeladas (parcialmente descongeladas)
- 2 latas (10 1/2 onças cada) de sopa de queijo cheddar
- 1 (13 onças) de leite condensado
- 1 lata de rodelas de cebola frita, divididas
- Sal e pimenta a gosto

PREPARAÇÃO

1. Combine batatas, sopa, leite e meia lata de rodelas de cebola; despeje em uma panela elétrica/panela untada e adicione sal e pimenta. Cubra e cozinhe em fogo baixo por 8 a 9 horas ou em fogo alto por 4 horas. Antes de servir, polvilhe o topo com os restantes anéis de cebola.

koltop

INGREDIENTES

- 1 libra de batatas fatiadas
- 2 nabos médios, descascados e fatiados
- 2 alhos-porós de tamanho médio
- 1 xícara de leite
- 1 quilo de repolho picado
- 1/4 colher de chá de noz-moscada
- 2 dentes pequenos de alho picados
- 1 pitada de sal
- 1 pitada de pimenta
- 2 colheres de sopa de manteiga
- salsinha

PREPARAÇÃO

1. Ferva as batatas e os nabos em água até ficarem macios. Enquanto os vegetais cozinham, pique o alho-poró (verde claro e branco) e cozinhe no leite até ficar macio.
2. Ferva o repolho e deixe aquecido.
3. Escorra as batatas e os nabos e tempere com noz-moscada, alho, sal e pimenta. Rale ou amasse a mistura de batata até ficar homogêneo. Adicione o

alho-poró cozido e o leite; misture apenas até combinar.
4. Adicione o repolho fatiado cozido e a manteiga.
5. Decore com salsa fresca picada.
6. Para prepará-lo na panela elétrica, cozinhe primeiro o repolho, depois coloque todos os legumes na panela, começando pelas batatas. Cubra e cozinhe por 7 a 9 horas, até os legumes ficarem macios. Escorra os legumes e amasse-os com leite e manteiga, decore com salsa.
7. Serve 6.

Corte confete de milho

INGREDIENTES

- 2 ovos batidos
- 1 xícara de creme light
- 1/4 xícara de manteiga derretida
- 1 cebola pequena picada ou 2 colheres de sopa de cebola seca picada
- 1 lata mexicana, escorrida (11 onças)
- 1 lata de creme de milho (14 onças)
- 2 a 3 colheres de sopa de jalapeño salsa verde, normal
- salsa picada ou pimentão verde (opcional)
- 1 mistura pequena para pão de milho (Jiffy ou similar)

PREPARAÇÃO

1. Misture bem todos os ingredientes; despeje em uma panela / panela elétrica levemente untada com manteiga (ou assadeira que caiba em uma panela / panela elétrica maior).
2. Cubra e cozinhe em fogo alto por 2 a 2 horas e meia.
3. Serve de 6 a 8 pessoas como aperitivo.

repolho de amora

INGREDIENTES

• 1 repolho roxo médio, com cerca de 2 1/2 libras, picado grosseiramente

• 1 lata (16 onças) de molho de cranberry inteiro

• 1 cebola grande, cortada em quartos e fatiada

• 2 maçãs descascadas, sem sementes e picadas grosseiramente

• 1/2 xícara de suco de maçã ou cidra

• 1/2 colher de chá de folhas secas de tomilho ou sementes de cominho

• 1/2 colher de chá de canela em pó

• Pimenta da Jamaica

• 1/4 colher de chá de pimenta preta

• 1 colher de chá de sal

• 2 colheres de sopa de açúcar mascavo

• 4 colheres de sopa de vinagre de vinho ou vinagre do Porto

PREPARAÇÃO
1. Combine todos os ingredientes em uma panela elétrica de 4-6 litros. Cubra e cozinhe em BAIXO por 5 a 7 horas.
2. Serve 6.

batatas cremosas

INGREDIENTES

-
- 2 colheres de sopa de cebola seca picada
- 1 dente de alho médio, esmagado e picado
- 1 colher de chá de sal
- 8 a 10 batatas médias fatiadas •
- 1 pacote (8 onças) de cream cheese cortado em cubos
- 1/2 xícara de queijo Cheddar ralado, opcional

PREPARAÇÃO

1. Pulverize o fogão com spray de cozinha antiaderente com sabor de manteiga. Em uma tigela ou xícara pequena, misture a cebola, o alho, o sal e a pimenta. Coloque cerca de 1/4 das batatas fatiadas no fundo da panela elétrica. Polvilhe cerca de 1/4 da mistura de cebola e alho. Camada com cerca de 1/3 dos cubos de cream cheese. Repita as camadas e finalize com especiarias. Cubra e cozinhe em ALTO por 3 a 4 horas, até que as batatas estejam macias. Durante os últimos 20 a 30 minutos de cozimento, mexa as batatas para distribuir o cream cheese.
2. Neste ponto as batatas podem ser parcialmente amassadas. Se desejar, polvilhe com 1/2 xícara de queijo Cheddar suave ralado. Cubra e continue

cozinhando, por cerca de 10 minutos, até derreter. Sirva quando as batatas estiverem macias.
3. Serve 6.

• Substitua as batatas picadas por 1 saco (32 onças) de batatas fritas congeladas e prepare conforme as instruções. Cozinhe em ALTO por 2 horas ou em BAIXO por 4 a 5 horas.

creme de milho

INGREDIENTES

- 2 xícaras de grãos de milho

- 2 colheres de sopa de açúcar

- 2 ovos

- 1/4 xícara de farinha

- 2 colheres de sopa de manteiga

- 1 xícara de leite

- 1/2 colher de chá de sal

PREPARAÇÃO

1. Misture milho, açúcar, ovos, farinha, manteiga, leite e sal; coloque na panela elétrica. Cozinhe em fogo alto por uma hora.

Abóbora Bolota Crockpot

INGREDIENTES

- Corte 2 abobrinhas ao meio e retire as sementes
- 1 1/4 colher de chá de sal
- 1/4 colher de chá de pimenta
- 1/2 xícara de água
- 4 colheres de sopa de manteiga
- 1 colher de sopa de açúcar mascavo
-
2 fatias de bacon cortadas em cubos

PREPARAÇÃO

1. Moa a abóbora com sal e pimenta. Polvilhe com os ingredientes restantes. Despeje água na panela elétrica. Coloque as abobrinhas na panela elétrica, arrumando-as de forma que não fiquem planas umas sobre as outras.
2. Cozinhe a abóbora em ALTO por 1 hora. Reduza para baixo e cozinhe por mais 6 horas até ficar macio.
3. Serve 4.

pote com milho

INGREDIENTES

- 4 xícaras de milho congelado

- 1 pacote (8 onças) de cream cheese

- Cubo de manteiga

- Adicione sal e pimenta a gosto

PREPARAÇÃO
1. Derreta o cream cheese e a manteiga no micro-ondas. Misture até combinar.
2. Pulverize a panela elétrica com spray de cozinha antiaderente.
3. Adicione o cream cheese derretido e a manteiga na panela. Adicione milho, sal e pimenta; misturar.
4. Cubra e cozinhe na panela elétrica por duas horas em BAIXO.
5. Serve de 6 a 8.

Ervilhas frescas com bacon e tomate assado

INGREDIENTES

- 1 1/2 libra de ervilhas frescas, lavadas e escorridas
- 8 a 12 onças de bacon cortado em cubos
- 1 1/2 xícara de cebola picada
- 1 xícara de pimentão vermelho e verde picado
- 1/2 xícara de aipo picado
- 1 dente de alho picado
- 1 1/2 xícara de água
- 1 lata (cerca de 14,5 onças) de tomate assado ou pimenta em cubos
- 1 colher de chá de pimenta em pó
- 1 colher de chá de sal
- 1/4 colher de chá de pimenta preta moída
-
1/2 colher de chá de folhas secas de orégano

PREPARAÇÃO

1. Coloque ervilhas frescas e lavadas em uma panela elétrica de 4 a 6 litros.
2. Frite o bacon em uma frigideira grande até ficar macio; adicione a cebola, o pimentão e o aipo e continue cozinhando, mexendo sempre, até os

legumes ficarem macios. Adicione o alho e frite por mais 1 minuto. Adicione a mistura de vegetais à panela elétrica junto com a água. Cubra e cozinhe por 5 a 7 horas ou até que as ervilhas estejam macias. Adicione os ingredientes restantes e continue cozinhando por mais 1 a 2 horas.
3. Serve de 6 a 8.

Salada Alemã de Batata Crockpot

INGREDIENTES

- 4 a 6 xícaras de batatas fatiadas, cerca de 1 1/2 a 2 libras
- 1/2 xícara. cebola picada
- 1/2 xícara. aipo picado
- 1/4 de polegada de pimentão verde, cortado em cubos
- 1/4 pol. de vinagre
- 2 a 3 colheres de sopa de açúcar
- 1/4 pol. de óleo
- Salsa picada
- Bacon picado, cozido e esfarelado
- açúcar conforme desejado

PREPARAÇÃO

1. Misture todos os ingredientes, exceto a salsa e o bacon. Sal e pimenta a gosto. Mexa e cozinhe por 5 a 7 horas na panela elétrica.
2. Decore com bacon e salsa.

Caçarola Crockpot Hash Brown

INGREDIENTES

- 2 xícaras de creme
- 1 lata (10 3/4 onças) de sopa de creme de cogumelos
- uma pitada de pimenta
- 2 xícaras de queijo Velveeta ralado ou cortado em cubos
- 1/2 xícara de cebola picada
- 3/4 colher de chá de sal
- 1/4 colher de chá de pimenta
- 2 kg de batatas fritas congeladas

PREPARAÇÃO

1. Em uma tigela grande, misture o creme de leite, o caldo, a páprica, o queijo, a cebola, o sal e a pimenta; misture as batatas delicadamente. Coloque a mistura em uma frigideira levemente untada com manteiga ou em uma panela elétrica. Cubra e cozinhe em fogo alto por 1 hora e meia; reduza e cozinhe por mais 2 horas e meia.
2. Serve de 8 a 10.

Cenouras glaceadas com laranja em panela elétrica

INGREDIENTES

- 3 xícaras de cenoura ralada

- 3 colheres de sopa de manteiga

- 2 xícaras de água

- 3 colheres de sopa de geléia de laranja

- 1/4 colher de chá de sal

- 2 colheres de sopa de nozes picadas

PREPARAÇÃO
1. Combine as cenouras, a água e o sal na panela elétrica. Tampe e cozinhe em fogo alto por 2 a 3 horas ou até que as cenouras estejam cozidas. Seca bem; misture os ingredientes restantes. Cubra e cozinhe na temperatura mais alta por 20 a 30 minutos.
2. Rende 5 a 6 porções.

Batatas recheadas com queijo

INGREDIENTES

- 3 colheres de sopa de manteiga

- 1/4 xícara de farinha de trigo

- 1 colher de chá de sal

- 1/8 colher de chá de pimenta

- 1 1/2 xícaras de leite

- 1 a 1 1/2 xícaras de queijo ralado

- 5 batatas médias cortadas em rodelas finas

PREPARAÇÃO

1. Vire as batatas em uma panela elétrica com manteiga. Misture a manteiga, a farinha, o sal e a pimenta em uma panela em fogo médio. Aos poucos, adicione o leite até que não haja grumos. Aqueça e mexa até começarem a aparecer bolhas e engrossar. Mexa até o queijo derreter. Coloque as batatas picadas na panela elétrica; despeje o molho

de queijo por cima. Cubra e cozinhe em fogo baixo por 5 a 7 horas.
2. Serve 4.

Crockpot Batata fatiada com presunto

INGREDIENTES

-
- 12 onças de presunto em cubos
- 8 a 10 batatas médias, descascadas e cortadas em fatias finas
- 2 cebolas médias, descascadas e cortadas em fatias finas
- Sal e pimenta a gosto
- 1 xícara de queijo Cheddar ralado
- 1 lata (10 3/4 onças) de creme condensado de sopa de aipo ou creme de batata
-
- pimenta, se desejar

PREPARAÇÃO

1. Coloque metade do presunto, das batatas e da cebola na panela elétrica. Polvilhe com sal e pimenta e depois com queijo ralado. Repita com o restante presunto, batata, cebola, sal, pimenta e queijo. Despeje a sopa espessa por cima e polvilhe com um pouco de páprica, se desejar. Cubra e cozinhe em BAIXO por 7 a 9 horas ou até que as batatas estejam macias.
2. Serve 6.

Caçarola de batata doce cristalizada

INGREDIENTES

- 4 a 5 batatas-doces grandes, descascadas e cortadas em cubos de 2,5 cm, cerca de 8 a 10 xícaras

- 1 xícara de açúcar mascavo claro embalado

- Suco e raspas finas de 1 laranja

- 1/4 xícara de mel

- 4 colheres de sopa de manteiga

- 1/2 colher de chá de baunilha

- 1 1/2 colheres de chá de canela

- uma pitada de noz-moscada

PREPARAÇÃO

1. Unte levemente os pratos; coloque os cubos de batata-doce na panela elétrica. Misture os ingredientes restantes e aqueça-os em uma panela no micro-ondas ou no fogão. Mexa até incorporar e despeje a mistura sobre os cubos de batata-doce.
2. Cubra e cozinhe em BAIXO por 6 a 8 horas, até que as batatas estejam macias.
3. Serve de 6 a 8.

batatas recheadas cremosas

INGREDIENTES

• 7 a 9 batatas médias, descascadas e cortadas em fatias finas, cerca de 2 1/2 libras

• 1 xícara de água fria

• 1/2 colher de chá de creme de tártaro

• 3 colheres de sopa de manteiga

• 1 cebola média em fatias finas

• 1/4 xícara de farinha de trigo

• 1 colher de chá de sal

• 1/4 colher de chá de pimenta preta moída

• 1 lata (10 3/4 onças) de creme condensado de sopa de cogumelos

• 6 onças de queijo americano, cortado em cubos, fatiado ou ralado

PREPARAÇÃO

1. Despeje 1 xícara de água e 1/2 colher de chá de creme de tártaro sobre as rodelas de batata e escorra. Coloque metade das batatas picadas em

uma panela elétrica untada ou untada com capacidade de 3 1/2 a 5 litros. Coloque por cima metade das rodelas de cebola, metade da farinha, metade do sal e metade da pimenta. Espalhe metade da manteiga. Repita as camadas; espalhe com a manteiga restante. Despeje a sopa por cima. Cubra e cozinhe em fogo baixo por 6 a 7 horas ou em fogo alto por 3 a 3 horas e meia.
2. As temperaturas do fogão lento variam, portanto verifique-as de vez em quando para ter certeza de que estão macias.
3. Adicione o queijo cerca de 30 minutos antes de servir.

caçarola de batata light

INGREDIENTES

- 1 pacote (32 onças) de batatas fritas congeladas
- 1 caixa pequena de molho ranch
- 1 lata de creme de batata
- sal e pimenta
- cebola seca picada a gosto
- 120 a 180 gramas de queijo cheddar ralado

PREPARAÇÃO

1. Misture os primeiros 4 ingredientes. Coloque em uma panela elétrica. Coloque o queijo ralado por cima. Cubra e cozinhe em ALTO por cerca de 4 horas.
2. Nota de Kaylen: Você provavelmente poderia adicionar presunto ou outra carne para uma refeição completa em uma.
3. Para 4 a 6 refeições.

Lentilhas e espinafres temperados com curry
INGREDIENTES

- 1 1/2 colher de chá de curry em pó
- 1/2 colher de chá de cominho em pó
- 1 colher de chá de gengibre
- 1/4 colher de chá de açafrão
- 1/4 colher de chá de pimenta caiena
- 1 cebola média picada
- 2 dentes de alho amassados e picados
- 1 xícara de lentilhas lavadas
- 1/4 xícara de arroz processado
- 1 pacote de 300 ml de espinafre picado ou outros vegetais
- 1 lata (1 1/2 xícara) de caldo de legumes (pode usar caldo de galinha, se desejar)
- sal a gosto

- Tomates picados e hortelã para decoração, se desejar

PREPARAÇÃO
1. Combine os primeiros 11 ingredientes na panela elétrica. Cubra e cozinhe por cerca de 6 horas ou até que o arroz e as lentilhas estejam macios, mas não moles. Adicione sal a gosto; se quiser, sirva decorado com tomate picado e hortelã. Isso pode ser multiplicado.
2. Para 2-3 porções do prato principal.

vegetais com queijo fácil

INGREDIENTES

• 4 xícaras de brócolis, couve-flor e cenoura congelados ou mistura vegetal semelhante, descongelada

• 1/2 xícara de cebola picada

• 1 lata (10 3/4 onças) de creme condensado de sopa de cogumelos, normal ou com baixo teor de gordura

• 1 frasco (2 onças) de pimentão picado, escorrido

• 2 xícaras de queijo americano ralado (Velveeta ou similar)

•

pimenta a gosto

PREPARAÇÃO

1. Pulverize a panela elétrica com spray de cozinha. Na panela elétrica, misture os legumes, a sopa, o pimentão, a cebola e o queijo. Cubra e cozinhe em BAIXO por 4 a 6 horas. Tempere a gosto com pimenta preta ou picante moída na hora. Misture bem antes de servir.
2. Para 4 a 6 refeições.

Molho de pão de milho simples

INGREDIENTES

- 4 colheres de sopa de manteiga

- 8 onças de linguiça de porco moída

- 1 xícara de cebola picada

- 1 xícara de aipo picado

- 2 colheres de sopa de salsa fresca picada ou 2 colheres de chá de folhas de salsa secas

- 1 pacote (16 onças) de migalhas de pão de milho temperadas

- 1 colher de chá de tempero para aves

- 1/2 colher de chá de sálvia amassada, se desejar

- 2 1/2 xícaras de caldo de galinha

- 1 ovo levemente batido

- 1/2 xícara de cranberries ou passas secas

PREPARAÇÃO

1. Unte a assadeira com manteiga ou borrife spray antiaderente.

2. Numa frigideira grande derreta a manteiga e acrescente a linguiça, frite e bata até a linguiça ficar dourada clara. Adicione a cebola e o aipo e continue fritando até os legumes ficarem macios. Se usar, adicione salsa e sálvia às aves.
3. Em uma tigela grande, misture a mistura de linguiça e vegetais com a farinha de rosca. Misture até combinar; adicione caldo de galinha. Adicione sal e pimenta a gosto e misture bem.
4. Adicione um ovo levemente batido e cranberries ou passas. Coloque na panela elétrica preparada; não faça as malas. Cubra e cozinhe em ALTO por 45 minutos. Reduza o fogo para BAIXO e cozinhe por mais 3 1/2 a 4 1/2 horas.
5. Serve 8.

Berinjela à parmegiana

INGREDIENTES

- 4 berinjelas médias ou grandes, descascadas
- 2 ovos
- 1/3 xícara de água
- 3 colheres de sopa de farinha
- 1/3 xícara de pão ralado temperado
- 1/2 xícara de parmesão
- 32 onças de molho marinara
- 16 onças de queijo mussarela fatiado
- Azeite virgem extra

PREPARAÇÃO
1. Corte a berinjela em fatias de 1/2 polegada; arrume-as em camadas em uma tigela, polvilhando cada camada com sal. Reserve por 30 minutos para drenar o excesso de umidade; seque em papel toalha. Misture o ovo com 1/3 xícara de água e farinha. Mergulhe as rodelas de berinjela na massa e espere até que o excesso caia. Frite rapidamente a berinjela em óleo aquecido em uma frigideira, algumas fatias de cada vez. Misture o pão ralado temperado com o parmesão. Coloque um quarto de berinjela na panela elétrica, polvilhe com 1/4 de pão ralado, 1/4 de molho marinara e 1/4 de queijo mussarela.
2. Repita este passo para formar quatro camadas de berinjela, pão ralado, molho e mussarela. Cubra e cozinhe em BAIXO por 4 a 5 horas.

Caril de legumes de Eloise

INGREDIENTES

- 4 cenouras médias, cortadas em fatias de 1/2 polegada
- 2 batatas médias, cortadas em cubos de 1/2 polegada
- 1 lata (15 onças) de grão de bico escorrido
- 1/2 libra de feijão verde, cortado em pedaços de 2,5 cm, cerca de 1 1/2 xícara
- 1 xícara de cebola picada grosseiramente
- 3 a 4 dentes de alho picados
- 2 colheres de sopa de tapioca de panela de pressão
- 2 colheres de chá de curry
- 1 colher de chá de coentro moído
- 1/2 colher de chá de pimenta vermelha moída ou a gosto, conforme desejado
- 1/4 colher de chá de sal
- 1/8 colher de chá de canela em pó
- 1 1/2 xícara de caldo de legumes
- 1 lata (14,5 onças) de tomate picado com suco
-
2 xícaras de arroz cozido quente

PREPARAÇÃO

1. Em uma panela elétrica de 3,5 a 5 litros, misture a cenoura, o grão de bico, a batata, o feijão verde, a cebola, o alho, a tapioca, o curry em pó, o coentro, a pimenta vermelha, o sal e a canela. Despeje a sopa sobre tudo. Cubra e cozinhe em BAIXO por 7 a 9 horas ou em ALTO por 3 1/2 a 4 1/2 horas. Misture os tomates. Cubra e cozinhe por mais 5 minutos.
2. Sirva com arroz cozido quente. Para 4 porções.

Pote favorito de legumes

INGREDIENTES

- 8 batatas médias
- 1 xícara de cebola picada
- 4 cenouras cortadas em rodelas
- 2 costelas de aipo cortadas em fatias
- 4 cubos de caldo de frango
- 1 colher de sopa de folhas de salsa
- 4 xícaras de água
- 1/3 xícara de manteiga
- presunto – cortado em cubos, 2 xícaras ou conforme desejado
- Lata de 13 onças de leite condensado

PREPARAÇÃO
1. Descasque e corte as batatas em pedaços pequenos. Coloque todos os ingredientes, exceto o leite condensado, na panela elétrica. Cubra e cozinhe em BAIXO por 9 a 11 horas. Na última hora, adicione delicadamente o leite condensado. Se necessário, engrosse nos últimos 20 minutos com uma mistura de aproximadamente 2 colheres de farinha e 2 colheres de água fria.

Legumes congelados em panela elétrica

INGREDIENTES

• 2 sacos (16 onças cada) de feijão verde congelado, mistura de vegetais ou seu favorito

• 1 lata (10 3/4 onças) de creme condensado de sopa de aipo ou creme de cogumelos

• sal temperado

• salsinha

• pimenta

• alho picado ou alho em pó

PREPARAÇÃO

1. Pegue dois sacos de legumes congelados e uma lata de creme de aipo, acrescente um pouco de salsa e tempere com sal e pimenta com um pouco de alho. Garanto que você alcançará bons resultados. cozinhe em fogo alto por 1 hora ou em fogo baixo por 2.

Feijão verde com castanha de água

INGREDIENTES

- 3 latas de feijão verde picado, escorrido
- 1 lata (10 1/2 onças) de anéis de cebola fritos e picados
- 3 latas (8 onças) de castanhas-d'água fatiadas e escorridas
- 3 xícaras de queijo Cheddar ralado
- 3 latas de creme de frango e sopa de cogumelos
- 3/4 xícara de leite
- 3/4 colher de chá. Pimenta preta da terra

PREPARAÇÃO

1. Coloque o feijão verde, as rodelas de cebola e as castanhas-d'água na panela.
2. Em uma tigela pequena, misture a sopa de cogumelos, o queijo, o leite e a pimenta.
3. Despeje a sopa sobre o feijão verde. Não toque.
4. Cozinhe em fogo baixo por 6 horas ou em fogo alto por 3 horas.

Caçarola de feijão e batata

INGREDIENTES

• Cerca de 6 xícaras de feijão verde fresco, aparado e fatiado (cerca de 2 libras) ou 2 pacotes de 16 onças de feijão verde congelado, fatiado

• 4 a 6 batatas vermelhas médias, cortadas em fatias de aproximadamente 1/4 de polegada

• 1 cebola grande fatiada

• 1 colher de chá de endro seco

• 1 colher de chá de sal

• 1/2 colher de chá de pimenta

• 1 lata de creme de canja de galinha ou outra sopa cremosa, não diluída, ou cerca de 1 xícara de molho branco picante ou molho de queijo

•

manteiga

PREPARAÇÃO
1. Pulverize o prato com spray de cozinha ou unte com manteiga.
2. Disponha as batatas às rodelas, a cebola picada e o feijão verde, polvilhando pelo caminho o endro e o sal e a pimenta. Espalhe com manteiga (cerca de 1 colher de sopa no total) e adicione cerca de 2 colheres de sopa de água.
3. Cubra e cozinhe em ALTO por 4 horas (BAIXO por cerca de 8 horas).
4. Junte a sopa ou o molho; ligue BAIXO e cozinhe por mais 30 minutos ou deixe em QUENTE (Smart-Pot) até a hora de servir ou até 4 horas.
5. Serve de 6 a 8.

Ragu com legumes verdes

INGREDIENTES

- 4 colheres de sopa de manteiga

- 1 cebola grande, fatiada

- 3 abobrinhas médias fatiadas, cerca de 3 xícaras fatiadas ou uma combinação de abobrinha e abóbora amarela

- 1 pimentão verde, sem sementes e cortado em tiras

- 1 pimentão vermelho, sem sementes e cortado em tiras

- 1/2 xícara de caldo de galinha ou caldo de legumes

- sal e pimenta

PREPARAÇÃO

1. Derreta a manteiga em uma panela, acrescente a cebola e frite até ficar macia. Adicione os legumes restantes e frite por 5 minutos sem dourar. Adicione o caldo e tempere com sal e pimenta a gosto.
2. Converta para fogão lento; tampe e cozinhe em BAIXO por 4 a 6 horas.
3. Serve 4.

Beterraba Harvard

INGREDIENTES

- 1/2 xícara de açúcar granulado

- 2 colheres de sopa de farinha

- 1/4 xícara de água

- 1/4 xícara de vinagre branco

- 2 latas (16 onças) de beterraba inteira, escorrida

PREPARAÇÃO

1. Misture açúcar e farinha, misture com água e vinagre. Coloque os nabos na panela elétrica; misture a mistura de vinagre e açúcar. Cubra e cozinhe em ALTO por 3 a 4 horas.
2. 4 a 6 porções

Caçarola Hash Brown

INGREDIENTES

- 30 a 32 onças de batatas fritas congeladas, picadas e descongeladas

- 1 xícara de cebola picada, se desejar

- 1 lata (10 3/4 onças) de sopa condensada de queijo nacho, não diluída

- 1 lata (10 3/4 onças) de creme condensado de sopa de aipo, não diluído

- 8 onças de creme de leite light

- 6 colheres de sopa de manteiga derretida

PREPARAÇÃO

1. Pulverize a bandeja com spray antiaderente ou unte levemente a superfície interna. Misture batatas fritas descongeladas, cebola, sopas, natas e manteiga derretida. Embale em uma panela elétrica. Cubra e cozinhe em BAIXO por 5 a 6 horas.
2. Serve 6.

Batatas Rancho para Vale Escondido

INGREDIENTES

- 2 sacos (24 onças) de batatas fritas congeladas, parcialmente descongeladas

- 2 pacotes de 240 ml de cream cheese

- 2 pacotes de mistura de molho Hidden Valley Ranch

- 2 latas de chantilly

PREPARAÇÃO

1. Coloque as batatas marrons na panela elétrica. Combine os ingredientes restantes em uma tigela; misture bem e adicione às batatas. Mexa delicadamente até combinar. Cozinhe em fogo baixo por 7 a 8 horas. Misture antes de servir.
2. Atende das 8h às 12h

www.ingramcontent.com/pod-product-compliance
Lightning Source LLC
Chambersburg PA
CBHW071901110526
44591CB00011B/1496